Um Pouco da Minha Vida

Novos Casos e Percepções

Alfredo Braga Furtado

Alfredo Braga Furtado

**UM POUCO DA MINHA VIDA: NOVOS CASOS E PERCEP-
ÇÕES**

Belém-Pará-Brasil
Edição do Autor
2018

Copyright © 2018, Alfredo Braga Furtado
Direitos desta edição reservados a Alfredo Braga Furtado
Printed in Brazil/Impresso no Brasil

Projeto Gráfico: Alfredo Braga Furtado
Capa: Manoel J. Silva Neto
Editoração Eletrônica: Alfredo Braga Furtado
Revisão: Fernando Allan Delgado Furtado.

Furtado, Alfredo. 1955-
Um Pouco da Minha Vida: Novos Casos e Percepções/Alfredo Braga Furtado. Belém: abfurtado.com.br, 2018, 165p.
ISBN: 978-85-455122-1-9.

   1. Crônicas. 2. Percepções. 3. Casos. I. Título.

CDD-869.8992

Alfredo Braga Furtado (foto by Cláudia Santo).

SOBRE O AUTOR DESTA OBRA:

Alfredo Braga Furtado é doutor em Educação Matemática (Modelagem Matemática) pelo Instituto de Educação Matemática e Científica (IEMCI) da UFPA; possui mestrado em Informática pela PUC/RJ e especialização em Informática pela UFPA. Aposentou-se como professor associado da Faculdade de Computação do Instituto de Ciências Exatas e Naturais da UFPA. É escritor. Foi analista de sistemas da UFPA de 1976 a 1995. Foi professor da UFPA de 20/08/1978 a 21/02/2018.

Contatos: abf@ufpa.br, abf2000@uol.com.br, www.abfurtado.com.br.

LANÇAMENTOS EM JULHO/2018:

01) 2018: "*Elementos de Didática da Computação*"; ISBN. 978-85-913473-8-4; o livro apresenta elementos particulares para o ensino de disciplinas relacionadas à área de computação; além da aula expositiva, descreve dezoito métodos ou técnicas de ensino que o professor de computação pode utilizar;

02) 2018: "*Para Ensinar Melhor*"; ISBN. 978-85-455122-0-2; o livro contém notas curtas que abordam tópicos de didática, docência superior, experiência didática;

03) 2018: "*Outros Casos e Percepções*"; ISBN. 978-85-455122-0-2; o livro é uma continuação do livro "*Casos e Percepções de um Professor*", publicado em 2016; contém crônicas escritas em 2017;

04) 2018: "*Um Pouco da Minha Vida: Novos Casos e Percepções*"; ISBN. 978-85-455122-1-9; o livro é uma continuação do livro "*Casos e Percepções de um Professor*", publicado em 2016; contém crônicas escritas em 2018;

05) 2018: "*Empreender é a Questão*"; ISBN. 978-85-913473-9-1; o livro apresenta elementos para o empreendedorismo, abordando os principais conceitos de interesse de quem pretende empreender.

LIVROS MAIS RECENTES LANÇADOS:

08) 2017: "*Como Escrever Artigos Científicos, Dissertações e Teses*"; ISBN. 978-85-913473-7-7; o livro mostra como estruturar artigo acadêmico (seção a seção), dissertação ou tese, capítulo a capítulo; como evitar plágio; apresenta erros mais comuns de redação cometidos pelos estudantes;

09) 2017: "*Como Escrever Trabalhos de Conclusão de Curso (Graduação)*"; ISBN: 978-85-913473-7-7; o livro mostra como estruturar TCC, capítulo a capítulo; como evitar plágio; apresenta erros mais comuns de redação cometidos pelos estudantes;

10) 2017: Adilson O. Espírito Santo; Alfredo Braga Furtado; Ednilson Sergio R. Souza (org.). "*Modelagem na Educação Matemática e Científica: Práticas e Análises*". Belém: Açaí, 2017; ISBN: 978-85-6158-108-4; contém artigos produzidos pelos participantes do Grupo de Estudos em Modelagem Matemática (GEMM do PPGECM do IEMCI da UFPA) em 2016;

11) 2016: "*Tópicos de Modelagem Matemática*" (com Manoel J. S. Neto); ISBN: 978-85-913473-4-6; contém tópicos constantes das teses dos autores;

12) 2016: "*Casos e Percepções de um Professor*" (livro de crônicas; contém casos engraçados ou que levam a aprendizagem para a vida; contém percepções do autor); ISBN: 978-85-913473-5-3;

13) 2015: "*Questões de Concursos Públicos para Analistas de Sistemas*"; ISBN: 978-85-913473-2-2; preparatório para concurso público – contém mais de 300 questões de concursos públicos, com respostas e comentários, sobre os assuntos que constam dos programas de concursos para analistas de sistemas (assuntos das questões: engenharia de software, bancos de dados, redes de computadores, etc.); a maior parte das mais de 300 questões que constam do livro foi elaborada por mim mesmo para concursos públicos reais, de cujas bancas elaboradoras participei nos últimos anos; a propósito, com a publicação do livro, decidi não mais participar destas bancas; além das questões próprias, incluí também umas poucas questões do ENADE (Exame Nacional de Desempenho) realizado pelo INEP/MEC e do POSCOMP (Sociedade Brasileira de Computação);

14) 2015: "*A Volta da Tartaruga Sapeca*" (livro infantil); ISBN: 978-85-913473-3-9;

15) 2013: "*Curso de Construção de Algoritmos (com Java)*" (com Valmir Vasconcelos); ISBN: 978-85-913473-1-5; todos os algoritmos construídos ao longo do livro são codificados em Java;

16) 2012: "*A Tartaruga Sapeca*" (livro infantil): ISBN: 978-85-913473-0-8;

17) 2010: "*Prática de Análise e Projeto de Sistemas*" (com Júlio Valente da Costa Júnior); ISBN: 978-85-61586-15-7; apresenta, em 496 páginas, conteúdo básico sobre engenharia de software (com UML); no fim de cada capítulo, lista de exercícios (incluindo questões do ENADE e do POSCOMP) com respostas.

18) 2009: "*Páginas Recolhidas: Política, Educação, Administração, Artigos, Valores, Crônicas e outros temas*"; ISBN: 978-85-61586-08-9; crônicas sobre vários assuntos são reunidas no livro.

AQUISIÇÃO DE EXEMPLARES DOS LIVROS ACIMA

Exemplares dos livros em formato pdf (com exceção do livro 09) podem ser comprados diretamente com o autor: contatos pelo e-mail abf@ufpa.br ou por meio de www.abfurtado.com.br (é preciso informar nome completo e CPF; estes dados constarão do rodapé das páginas do pdf).

Para meu pai, Matheus (*in memoriam*)
Para minha mãe, Beatriz (*in memoriam*)
Para meus irmãos, Paulo, Matheus e Mariza
Para meus filhos, Alfredo André e Fernando Allan
Para ela.

Apresentação[1]

Bem resumidamente, este livro contém pitadas de conhecimento, contextos dos quais se podem extrair conhecimento ou casos em que sobressaem situações engraçadas, com alguma perspectiva de conhecimento.

Como seleciono os tópicos, os assuntos tratados? Não há um padrão. A rigor, o único critério é me chamar atenção. Pronto! É suficiente para eu levar ao computador.

Procuro exercitar a concisão nos textos. Há ocasiões em que levo algum tempo procurando a palavra exata, que me permita escrever menos. É idiossincrasia do nosso tempo que as coisas sejam breves. Sigo este lema. Por isso, os casos são contados sem palavras desnecessárias, com alvo determinado, do qual procuro não me afastar. Eu até poderia prolongar aqui e ali, fazer uns enxertos para alongar os casos, antes do desenlace. Mas não me concedo esta liberdade para cumprir o propósito da brevidade. Outra coisa: fujo dos clichês, das gírias, das redundâncias, da topologia pronominal incorreta, dos erros de concordância nominal e verbal, da ambiguidade, dos erros de regência nominal e verbal, da deselegância de frases sem paralelismo sintático, da prolixidade, da má sonoridade das frases.

Havendo erros – e é certo que os há – é por incorreção de origem (quero referir as coisas que realmente ignoro e que, por isso, ficam no texto) ou falha de revisão (quero referir as coisas que sei, mas que escapam): minha em primeira instância, em segunda instância dos meus filhos (André e Fernando), que reveem para mim; e em última instância, eu mesmo, já que confiro a revisão deles.

Em grande parte das vezes eu apenas proponho uma situação, sem extrair conclusões. Às vezes, a chave da nota é posta no título,

---

[1] Como a proposta deste livro é a mesma de outro que estou lançando ("Outros Casos e Percepções") neste junho/2018, a apresentação não poderia ser diferente: o que vale para um vale para o outro.

e o texto sequer a menciona. O leitor que perscrute o sentido da escrita e tire suas conclusões, como quiser.

Que a leitura possibilite reflexão, conhecimento, riso.

Belém/PA, 12/06/2018.

P. S.: Um comentário a respeito do título do livro: "Um Pouco da Minha Vida" é condizente com o que relato nestas páginas: são realmente um pouco do que pensei ou percebi nestes dois ou três meses em que o escrevi.

SUMÁRIO

Doutrina da Cegueira Deliberada	15
Trindade Fundamental do Professor	16
Nota Escatológica: Transplante de Adrem [Ao Contrário]	17
Construção da Aprendizagem	18
Qual a sua Forma de Aprendizagem Preferida?	18
Que Fazer com o que se Aprendeu?	19
Avaliação de Aprendizagem	19
Avaliação de Aprendizagem em Larga Escala	20
Estranha Sensação	21
Grandes Professores (I) – Salman Khan	22
Grandes Professores (II) – Salman Khan	24
Grandes Professores (I) – Doug Lemov	25
Grandes Professores (II) – Doug Lemov	26
Aula Nota 10	28
Professor Brilhante	28
Tipo para cá, tipo para lá	29
Algo para Aprender Ainda?	30
Habilidade a Explorar	31
Uma Casa no Campus	31
Jornais Parciais	32
"O Teatro está morrendo" (I)	33
"O Teatro está morrendo" (II)	34
Inundação da Sala da Vizinha	35
Sacripanta	36
Ética no Relacionamento	37
Relato de uma Abjeção	37
Ela Gosta de Apanhar	37
Perder-se em Duas Linhas	38
Para Preservar a Agilidade	38
Uma Personagem	39
Solução Questionada... por um Tempo	39
Sentada Sobre o Processo	41
Tentando Minha Permanência	42
Qual era o Objetivo da Aula?	43
Taxista Boquirroto	44
Tamanho da Barriga	45
Elevar as Expectativas	45
Parque do Utinga	46
Eu Era Muito Ruim, Mas Tinha Vocação	47

Por Que Manaus da Copa	47
Onde Estou?	48
Delicadeza e Cinzas	48
Biblioteca de Lombadas	49
Assoprador de Apito	49
Escopo do Trabalho Docente	50
Gamificação (I)	51
Gamificação (II)	53
Educador?	54
Problema de Comunicação	55
Codificação Dojô (I)	55
Codificação Dojô (II)	57
Codificação Dojô (III)	57
Sacrifício para o Luxo dos Vizinhos	58
Quebrando Marcas	60
Academias de Letras	60
A Tessitura da Vida	62
No Balanço do Ônibus	62
Jaleco no Umbigo	63
Direto de Gurupá	64
Indução e Autoindução	65
Sempre Aprendendo	66
Do Sapato ao Chapéu	66
Na Polícia	67
Para Emagrecer	68
Comer Como um Abade	69
Padre Geraldo Silva	70
Exposição Rápida	71
Enquete Idiota	72
No Dia Seguinte	73
"Detalhe Importante"	74
Vocabulário Restrito	74
Pequenas Complicações	74
A Propósito	75
Só uma Estrela Isolada	75
Pedagogia da Palmatória	76
Trabalho Confinado	77
Por Que é Importante	78
Dramaturgo e Atores	79
O Cliente é o Aluno	80
Dá Logo a Comissão Deles!	80

Um Pouco da Minha Vida: Novos Casos e Percepções – Alfredo Braga Furtado   12

Que Horror! Que Horror!	81
Habilidades do Administrador	81
Administração na Antiguidade?	82
A Respeito de Esgares e Outros Horrores	83
Por Que Estes Textos Curtos?	84
Suco de Laranja [*]	85
Consciência de Fracasso	85
Macacão de Jeans	86
Medicamentos e Alimentos (I)	86
Medicamentos e Alimentos (II)	87
Medicamentos e Alimentos (III)	89
Não à Tortuna	90
Três Momentos	90
Andragogia	91
Ética? Não Tem	92
E se o Professor não Sabe Responder?	93
Aluno Contestador	93
Ser Pautado pela Exceção	94
Garimpando em um Livro Antigo de Didática	94
Greve de Fome	95
Isto é Jornalismo?	95
João Sem Braço	96
Mulher-Gato	97
Mulher-Gato II	97
Momento de Tristeza Profunda	97
Montanha de Livros	98
Profícuo X Prolífico	98
Mudança de Área	99
Califasia	99
Educação no Brasil	100
Leitura Apressada	101
Sala de Aula Invertida	102
Resolução de Problemas Acadêmicos	103
Teoria de Resposta ao Item	104
Vantagem em Todas as Situações	106
Desde Comenius até Hoje Pouco Mudou...	107
Controversas Manchetes de Futebol	109
20% a Distância	110
Análise Transacional	110
Força do Capitalismo	114
Por Que há Tanta Farmácia?	115

Quanto a Vagabunda Pediu? 117
Discussão a Respeito de Didática 116
Avaliação Injusta 117
Método de Estudo de Casos 119
Ouvir para Ser Justo 120
Seminário de Doutorado 120
Apenas um Artigo Cênico 121
Bibelô de Sapo na Porta 121
Idiossincrasia 122
Tangenciando o Interesse 123
Pessoa Estúpida com Delicada 124
Que País é Este? 124
Proficiência em Inglês 125
Professor, sem Saber Escrever? 126
Incompreensível 126
Malandragem 127
Embosca, e Também Atira pela Costa 128
Grandes Frasistas 129
Para Quem Come Açúcar Demais 129
Tanto Imposto Para Quê? 130
Exemplos de Persistência 130
Nós e Nossas Fixações 131
Leva a Atenção para Longe 132
Aula é Interação 132
Por Que era Lateral Direito 133
Deflorador 133
Discurso em Círculo 134
Quando Direito é Prioridade 135
Velhice 135
Presente para um Amigo 136
Na Terceira Pessoa 136
Como nos Veem no Exterior 137
Legião de Imbecis com Voz 137
As Migalhas das Mineradoras e dos Projetos Hidrelétricos 138
Em Campo em Salvaterra 139
Lendo um Best-Seller 139
Artigo sem Referências 140
Por Que Saiu do Trabalho 141
Química, Física, Biologia, Morte 141
O Que Pode em uma Tese 142
Nenhum Livro 142

"Heptaréu" 142
Não Reeleja Ninguém! 143
A Vovó Tinha Razão 143
Aversão a Conhecimento pela sua Procedência? 144
O Que Leio Diariamente 144
Tech Neck 145
Fim de Semana Ordinário 146
Para Que Há um Teto Salarial para o Funcionalismo? 146
Quem Reparte Não Escolhe 147
Fui Furtado! 147
Comprar, Ler e Presentear 150
A Pressa dos Estelionatários 150
Mudança Diária 150
Maquiavel e a Mudança 151
Motivos para Fracasso de Implantação de Tecnologia 152
As Fases de um Projeto 153
Deming 154
Falta Gerência 155
E as Prioridades Organizacionais da Área de Tecnologia? 155
Lidando com Carência e/ou Insuficiência de Recursos 156
Balizamento Ético 157
Princípio de AVC 157
Sou, Mas Não Gosto de Ser 158
Frustrando uma Tentativa de Rasteira 158
"Efeito Deadline" 160
Só Trabalho 161
A Praga da Distração 162
Liberalismo e Aprendizado com Experiências Alheias 162

REFERÊNCIAS 164

DOUTRINA DA CEGUEIRA DELIBERADA

Os muitos crimes de políticos julgados desde o mensalão do PT, passando pelo petrolão, têm-nos proporcionado tomar ciência de teorias só de conhecimento dos que atuam na área do Direito. No mensalão, aprendemos a respeito da "teoria do domínio do fato", criada por Hans Welzel (jurista alemão, 1904-1977) em 1939. Por ela, alguém que ordenou a um subordinado uma infração penal é autor (por mais que não a tenha praticado diretamente), e não mero partícipe. A relação de hierarquia entre mentor e infrator fortalece a incriminação do primeiro.

Há juristas que não abonam esta teoria pelo fato de ela se chocar com princípio basilar do Direito – a presunção da inocência – que estabelece que toda pessoa seja considerada inocente até que se consiga provar sua culpabilidade.

Ora, a "teoria do domínio do fato" estabelece que, havendo dedução lógica para responsabilização, se considerados os indícios existentes, a autoria fica caracterizada.

A aplicação desta teoria possibilitou, por exemplo, a condenação do petista José Dirceu (ex-ministro da Casa Civil do governo Lula) no mensalão.

Já a "teoria da cegueira deliberada" (referida em inglês como *Conscious Avoidance Doctrine* – Doutrina da Evitação Consciente, ou *Ostrich Instructions* – Instruções de Avestruz, ou *Willful Blindness Doctrine* – Doutrina da Cegueira Deliberada) é de 1861, em processo julgado na Inglaterra. Foi respaldada bem depois pela Suprema Corte dos Estados Unidos.

Por ela, o agente infrator se coloca em posição de ignorância do ilícito, consciente e voluntariamente, para não transparecer a ilicitude de sua conduta. Quando fica caracterizado que o infrator provoca o seu desconhecimento, para beneficiar-se do ilícito, isto corresponde ao dolo eventual ou mesmo à culpa consciente. É o caso, por exemplo, em que o infrator finge ignorar a possibilidade da ilicitude da procedência de bens para auferir vantagens. Esta é a razão por que se associa a teoria ao comportamento do avestruz.

Esta teoria serviu de base para a condenação do ex-presidente Lula no caso do tríplex do Guarujá. Dentre outros fatos, é surpreendente que ele não suspeitasse da origem dos recursos para troca de um apartamento simples que havia comprado por um tríplex, para reforma, compra da cozinha e do elevador privativo para os três andares do apartamento. Na sua santa (e conveniente) ignorância, tudo lhe faziam porque eram empreiteiros bondosos e porque ele merecia deferência da classe empresarial pelo que havia feito pelos pobres e pelo país.

TRINDADE FUNDAMENTAL DO PROFESSOR

A trindade de que dá conta o título da nota é: ensino – aprendizagem – avaliação. Vamos explicar adiante por que motivo os três elementos constituem a trindade básica do professor, e são intimamente relacionados.

Antes de tudo, vejamos três questões: que é ensinar? Que é aprender? Que é avaliar?

Dentre várias outras acepções existentes, encontramos nos dicionários Houaiss (2009) e Aurélio (1975):

– **ensinar**: repassar ensinamentos sobre algo a outrem; transmitir conhecimentos a outrem;

– **aprender**: adquirir conhecimentos, a partir do estudo; tomar conhecimento de algo, retê-lo na memória, em consequência de estudo, observação, experiência, advertência, etc.;

– **avaliar**: determinar a qualidade, a extensão, a intensidade de algo.

Sanmarti (2009) destaca a associação forte dos três processos: "ensinar, aprender e avaliar são, na realidade, três processos inseparáveis" (p. 21). Ao ensinar, o professor pretende que o estudante aprenda. Como se certificar de que a aprendizagem ocorreu? Para isto, é necessário avaliar o discente ou pedir que ele se autoavalie.

Portanto, os três processos constituem, mesmo, uma trindade indissociável.

NOTA ESCATOLÓGICA: TRANSPLANTE DE ADREM [AO CONTRÁRIO]

Inicio com pedido de desculpas aos meus escassos leitores por trazer hoje assunto, ao mesmo tempo, inusitado e escatológico. Mas a curiosidade foi maior de entender como isto se dá, e, por isso, saí em busca de informações.

Desde 2013, a técnica de transplante fecal vem sendo experimentada como terapia bacteriana para tratamento de pessoas com certas doenças intestinais como a síndrome de intestino irritável. Consiste em transferir fezes de uma pessoa saudável para outra que sofra um destes males. O objetivo é repovoar o intestino do doente com micro-organismos presentes nas fezes de pessoa saudável.

O problema intestinal pode ser efeito colateral de ingestão de antibiótico, que acaba por matar bactérias do intestino. A bactéria "Clostridium difficile" encontra ambiente favorável então para reproduzir-se; a proliferação desta bactéria causa fortes dores intestinais e diarreias. O transplante funciona em 90% dos casos das infecções intestinais graves, e vem sendo testado também no auxílio ao tratamento da obesidade.

O transplante de fezes é feito por uma de três formas: via anal (por colosnocopia ou enema), via oral (com endoscópio) ou via nasal (com sonda). As fezes são diluídas e depois transplantadas. O paciente é sedado para evitar nojo.

Como sempre, os Estados Unidos estão na frente: criaram em 2016 um banco público de fezes, o OpenBiome, para auxiliar transplantes fecais para tratamento de infecções por "Clostridium difficile". Não é para rir (e já rindo!): os doadores do banco têm compensação de US$ 40 por doação efetuada.

O transplante fecal não é ainda um tratamento regulamentado, mas já é feito experimentalmente em São Paulo.

Esperemos que os resultados não se assemelhem com a urinoterapia (ingestão de urina para pretenso fim medicinal): até hoje não há estudos que mostrem sua eficácia.

CONSTRUÇÃO DA APRENDIZAGEM

Os trabalhos de psicologia cognitiva garantem que a estratégia chamada elaboração é a que garante retenção por mais longo tempo. As elaborações ocorrem quando se fazem acréscimos à informação alvo. Conectam entre si itens a serem lembrados, ou então conectam estes itens a ideias já adquiridas ou anteriormente formadas pelo estudante.

No cotidiano de uma pessoa, os processos elaborativos ocorrem o tempo todo (Lévy, 1993).

Como acrescenta, reforçando, Luckesi (2011): "a aprendizagem não é algo dado, mas construído" (p. 73).

QUAL A SUA FORMA DE APRENDIZAGEM PREFERIDA?

Smith, Godfrey e Pulsipher (2011) utilizam o acrônimo VARK para designar uma abordagem educacional que se baseia no fato de que cada pessoa tem uma forma preferida de aprendizado:

V – *Visual* (visual): aprendizado pela visão,

A – *Auditory* (auditivo): aprendizado pela audição,

R – *Reading-based* (leitura/escrita): aprendizado pela leitura/escrita,

K – *Kinesthetic* (cinestésico): aprendizado pela ação física.

Segundo esta abordagem, para os estudantes visuais, é recomendável usar diagramas, gráficos e tabelas que ilustrem o que se deseja ensinar.

Para os estudantes auditivos, é conveniente explicar-lhes o conteúdo desejado, permitindo que perguntem, interajam e entendam o conceito por meio de conversa.

Para os estudantes que aprendem com base na leitura/escrita, é mais apropriado apresentar-lhes textos com informações sobre o conceito.

Para os estudantes cinestésicos, seria mais indicado buscar formas que lhes permitam experimentar a aplicação do conceito.

Como cada pessoa é um mundo em si, com suas preferências, suas idiossincrasias, suas habilidades, suas dificuldades, o que Smith, Godfrey e Pulsipher (2011) nos apontam são algumas características predominantes, mas, é claro, somos mais complexos do que isto. E é exatamente este fato que torna o trabalho do professor, a um só tempo, difícil e apaixonante.

QUE FAZER COM O QUE SE APRENDEU?

A partir da assimilação pelo educando do que lhe foi ensinado, é completamente imponderável o que ele pode fazer, em termos de múltiplas formas de recriação do objeto aprendido, pois a experiência humana pode ser criada e recriada de inúmeras maneiras (Luckesi, 2011).

O desafio do professor é buscar levar sempre para o cotidiano dos estudantes o objeto aprendido, nas formas em que ele é empregado na vida. Claro, isto exige que o professor conheça a realidade do aluno.

AVALIAÇÃO DE APRENDIZAGEM

A avaliação de aprendizagem consiste em verificar se os objetivos educacionais de uma aula, de um programa de ensino ou, mesmo, da aplicação de um dado currículo foram alcançados plenamente.

Pode-se fazer avaliação de aprendizagem em várias escalas de abrangência, desde aquela aplicada por um professor antes de iniciar seu trabalho pedagógico (diz-se avaliação diagnóstica), para ajustar as ênfases que precisa dar na sua prática. Existe a avaliação realizada pelo docente depois de ministrar um dado conteúdo de seu programa, para identificar se houve a aprendizagem esperada, e se precisa modificar sua prática pedagógica, retomando o tema para alcançar seu objetivo inicial. Isto precisa ser feito o mais cedo possível, enquanto ainda há tempo para que a aprendizagem ocorra. Esta avaliação é chamada de formativa ou processual. Há aquela avaliação, ainda conduzida pelo professor, realizada no fim do período de aulas, para atestar o desempenho dos estudantes quanto ao programa ministrado, levando à aprovação ou à reprovação na disciplina. Esta é a avaliação somativa.

A estas formas de avaliação conduzidas pelo professor chamo de avaliação em pequena escala, em contraposição à expressão de Luckesi (2011) para denominar a avaliação dirigida a um público bem maior que aquele sob a responsabilidade de um professor na sua sala de aula (falo dos exames como ENEM, ENADE, PRISA).

AVALIAÇÃO DE APRENDIZAGEM EM LARGA ESCALA

A avaliação de aprendizagem dirigida a um público bem maior que aquele sob a responsabilidade de um professor na sua sala de aula é denominada avaliação em larga escala (para usar a expressão empregada por Luckesi (2011)).

Como exemplos destas formas de avaliação (chamadas de exames), podem ser citados o Exame Nacional do Ensino Médio (ENEM) e o Exame Nacional de Desempenho de Estudantes (ENADE), este último aplicado aos cursos superiores. Ambos os exames são realizados pelo Instituto Nacional de Estudos e Pesquisas Educacionais Anísio Teixeira (INEP), autarquia federal ligada ao Ministério da Educação (MEC).

A realização do ENEM possibilita o cálculo do Índice de Desenvolvimento da Educação Básica (IDEB), podendo-se extrair o valor do índice para o País, para um dado estado, para um dado município e até para uma dada escola. Recentemente, o ENEM passou a incorporar outra função: possibilitar o ingresso nas instituições públicas de ensino superior, por meio do SISU – Sistema de Seleção Unificada, portanto, transformando-se em exame de vestibular para estas instituições.

A realização do ENADE possibilita a avaliação das instituições de ensino superior, dos cursos que oferece e do desempenho dos estudantes.

O exame PISA (*Programme for International Student Assessment* – Programa Internacional de Avaliação de Estudantes) é realizado a cada três anos, coordenado pela Organização para a Cooperação e Desenvolvimento Econômico – OCDE. O exame objetiva avaliar as competências de estudantes (com base amostral) em Leitura, Matemática e Ciências. São submetidos ao exame estudantes do 7º ano do ensino fundamental em diante, na faixa etária de 15 anos. Na maioria dos países investigados, esta é a idade de término da escolaridade básica obrigatória.

No exame de 2015 (último realizado), o Brasil obteve os seguintes resultados (de um total de 70 países pesquisados): Leitura – 407 (59º); Matemática – 377 (66º); Ciências – 401 (63º); estes resultados são inferiores aos obtidos no exame de 2012 nas três áreas (Leitura – 410; Matemática – 391; Ciências – 405). O próximo exame será realizado em 2018.

ESTRANHA SENSAÇÃO

Foi o que me veio com esta minha semana. Meus últimos quatro orientandos da graduação da Faculdade de Computação tiveram suas defesas. Na quarta 21/2/2018 pela manhã participei como avaliador de duas bancas de qualificação de mestrado. Ontem, a rigor, ocorreu minha última atividade de trabalho na UFPA: duas bancas de defesa de mestrado de orientandos do professor Sandro Oliveira.

Nada há mais previsto para eu fazer a partir da segunda, 26/2, exceto uma defesa de um orientando da Faculdade de Física: nem aula por ministrar, nem conceito por lançar, nem relatório por entregar, nem aluno para atender, nem reunião para participar.

A sensação a que me refiro no título da nota é um misto, ao mesmo tempo, de alívio, de tristeza, de alegria, de saudade (que sinto e da que certamente sentirei).

Durante a semana interagi com muita gente; vou destacar destas, três pessoas com quem convivi nas últimas três décadas. Na conversa que tive ontem com o vendedor de bombom da frente do prédio, com a Neia no lanche e com a Vera na secretaria da Faculdade, eu notei a dureza da despedida. Ele, Waldomiro, que eu vi iniciar seu trabalho ainda de calça curta, com o tabuleiro de bombons, do qual tem vivido todos esses anos. A Neia, com quem a amizade vem desde quando ainda era contratada da empresa que atendia o ICEN nos serviços gerais. A Vera, desde nosso tempo comum de Serviço de Computação, agregado com o tempo de Faculdade de Computação: já lá se vão, na soma, mais de trinta anos de companheirismo.

Nossa vida gira em torno desta realidade: é cíclica. Ciclos se encerram; outros se iniciam.

Os dias, as semanas, os meses, os anos: tudo para nós gira em torno do tempo. No planeta, os ciclos de mais calor, de menos calor, de passagem de um cometa, de eclipse, etc. Como eu disse aqui em outra ocasião, compreendo que fecho um ciclo na UFPA. Queira Deus que eu consiga iniciar e terminar outros mais!

Aos amigos da UFPA: a despeito de eventual momento de tristeza pelo que ficou para trás e por não haver mais a convivência, informo-lhes que estou vivendo a quadra mais feliz e mais fecunda da minha vida.

É tempo de colheita, mas ainda há muito a semear!

GRANDES PROFESSORES (I) – SALMAN KHAN

Salman Amin Khan – educador americano, matemático, cientista de computação, (1976-), é o criador da Khan Academy (khanacademy.org), plataforma online de educação livre, sem publicidade. Disponibiliza mais de 4.500 vídeoaulas, com aproximadamente 10 min cada, preparadas para serem vistas no computador.

O conteúdo mais abrangente das aulas é de matemática (vai desde a educação básica até o ensino superior), mas há conteúdo de física, química, engenharia, biologia, história e de várias outras áreas.

A proposta de trabalho de Khan encontra-se explicitada no início do capítulo introdutório de seu livro "Um mundo, uma escola: a educação reinventada", Rio de Janeiro: Intrínseca, 2013. Ele se propõe a oferecer "educação gratuita de nível internacional para qualquer um, em qualquer lugar" (Khan, 2013, p. 9).

O trabalho de Khan iniciou em 2004 para atender uma prima que lhe pediu ajuda em seus estudos de matemática do ensino fundamental; como ela morava em Nova Orleans e ele em Boston, ele preparava vídeos e os postava no YouTube; fazia a complementação da aula para ela pelo celular. A prima o dispensou do uso do celular, atestando que conseguia aprender pelo YouTube. Cinco anos depois, já com milhares de seguidores, Khan passou a dedicar-se integralmente à consolidação de sua plataforma. Seu objetivo é oferecer conhecimento a respeito de tudo, de graça (Weinberg, 2012). O trabalho de Khan possibilita a "sala de aula invertida", em que o conteúdo é visto pelo aluno em casa e a aula é reservada para complementação do conteúdo, parra exercícios, para elucidação de dúvidas, por exemplo.

Dentre as áreas cobertas pelas vídeoaulas (em inglês): Matemática, Ciência & Engenharia (Física, Química, Biologia, Cosmologia e Astronomia, Química Orgânica, Saúde & Medicina, Engenharia Elétrica), Computação (Programação, Ciência da computação, Animação computacional), Artes & Humanidades (História Mundial, História dos Estados Unidos, História da Arte, Gramática da língua inglesa), Economia & Finanças (Microeconomia, Macroeconomia,

Finanças & Mercado de Capitais, Empreendedorismo) e Preparatório para testes (SAT, MCAT, e outros).

A parte de Matemática abrange: Matemática Inicial, Aritmética e Pré-álgebra, Álgebra, Geometria, Trigonometria, Pré-cálculo, Cálculo, Cálculo multivariável, Probabilidade e Estatística, Equações Diferenciais, Álgebra Linear.

GRANDES PROFESSORES (II) – SALMAN KHAN

A Fundação Lemann[2] disponibiliza parte das vídeoaulas de Khan dubladas para o português. São mais de 400 vídeoaulas disponíveis. A plataforma atual atende estudantes do pré-escolar até a 9ª série do Ensino Fundamental com os conteúdos de Matemática; também interessados em tópicos abordados no ensino superior podem assistir aos vídeos de matemática (e de outras áreas) e fazer os exercícios propostos. A interação de cada estudante é registrada e enviada ao professor em tempo real, permitindo-lhe saber o nível de aprendizado da turma e, em especial, permitindo que ele cuide dos estudantes que apresentarem dificuldades registradas por ocasião da interação com a plataforma.

As vídeoaulas em português abrangem: Matemática (Fundamentos de Matemática, Aritmética, Álgebra I, Geometria, Trigonometria, Probabilidade e Estatística, Cálculo, Equações Diferenciais, Álgebra Linear), Ciências e Engenharia (Física, Química, Biologia, Saúde e Medicina, Engenharia Elétrica), Economia e Finanças (Microeconomia, Macroeconomia, Mercado Financeiro e de Capitais), Computação (Programação, Ciência da Computação, Hora do Código, Animação Digital), Desafio (Jogos do Conhecimento).

As videoaulas da plataforma de Khan apoiam-se em alguns pilares (Weinberg, 2012):

1) Simplicidade: ele recorre a desenhos e gráficos no quadro-negro para tornar mais compreensível tópicos mais abstratos;

---

[2] fundacaolemann.org.br/khan-academy/

2) Exemplos: ele ilustra os assuntos abordados por meio de vários exemplos simples;

3) Concisão: os vídeos têm duração média de 10 min; o assunto é apresentado de forma concisa para caber neste tempo;

4) Avanço seguro: como bom didata, Khan busca ordenar adequadamente a sequência de assuntos para garantir compreensão;

5) Exercícios: exercícios são propostos para o estudante adquirir domínio do assunto tratado;

6) Ritmos diferentes: como cada estudante tem seu tempo de assimilação de dado assunto, isto é garantido pela possibilidade de ele ver as videoaulas quantas vezes achar necessário;

7) Meritocracia: lançando mão de ideia presente nos games, etapas são propostas para o aprendiz seguir desde estágio inicial até o estágio final.

GRANDES PROFESSORES (I) – DOUG LEMOV

Nota escrita com base no livro: LEMOV, DOUG. *Aula Nota 10: 49 Técnicas para ser um Professor Campeão de Audiência*. 4ª ed. Porto Alegre: Penso, 2016.

A despeito do título claramente influenciado pelo marketing (já em inglês havia esta conotação – "*Teach like a Champion*" – "Ensine como um Campeão"), o livro contém práticas docentes interessantes, relevantes. O título em português, como se pode ver, chega a ser pior que o em inglês.

Meu interesse inicial de procurar ler a obra adveio do fato de ela ter a chancela da Fundação Lemann (fundacaolemann.org.br/), cuja missão constante de seu sítio é "colaborar com pessoas e instituições em iniciativas de grande impacto que garantam a aprendizagem de todos os alunos e formar líderes que resolvam os problemas sociais do país, levando o Brasil a um salto de desenvolvimento com equidade".

As técnicas de Lemov (2016) foram compiladas com base no contexto educacional americano para educação básica, e são fortemente influenciadas pelo pragmatismo característico do país. Por que o trazemos para este texto direcionado para o ensino superior? Porque algumas estratégias são gerais (estas serão descritas aqui), e podem ser aplicadas neste nível de ensino.

Premissas de que parte o autor para garantir o sucesso das estratégias propostas: o docente tenha domínio completo do conteúdo a ser ensinado, o currículo seja claro, detalhado, rigoroso, e, no trabalho pedagógico, o planejamento seja utilizado sistematicamente.

As técnicas são fruto de observação de professores de escolas *charter* – escolas públicas de gestão privada dos Estados Unidos (funcionam desde o início dos anos 1990). São técnicas passíveis de serem reproduzidas em qualquer sala de aula.

Premissas por trás das estratégias propostas por Lemov: buscar conhecer os estudantes e não abandonar ninguém; planejar para garantir bom desempenho acadêmico; estruturar as aulas de modo que todos aprendam; aproveitar todo o tempo disponível das aulas para aprendizagem; adotar com frequência instrumentos de verificação de aprendizagem (ou seja, utilizar a avaliação como parte importante do processo de aprendizagem)

Origem das estratégias: como citado, foram obtidas a partir de observações em salas de aula. A ideia básica é detectar problemas e trabalhar denodadamente para resolvê-los. Lemov sugere que isto seja feito como parte de programa de aperfeiçoamento profissional, com o qual a instituição esteja comprometida.

GRANDES PROFESSORES (II) – DOUG LEMOV

Nota escrita com base no livro: LEMOV, DOUG. *Aula Nota 10: 49 Técnicas para ser um Professor Campeão de Audiência*. 4ª ed. Porto Alegre: Penso, 2016.

Alguns aspectos significativos destacados por Ilona Becskeházy e Guiomar Namo de Mello no prefácio da edição brasileira: "tudo em uma escola – inclusive o uso do tempo – deve estar a serviço do aprendizado do aluno. (...)", pois "(...) cada minuto perdido é um minuto a menos de aprendizagem" (p. 14).

A ideia defendida por Lemov é que o aluno possa aprender livremente, autonomamente, mas com encaminhamento e orientação do professor.

Lemov afirma que estudou as teorias de aprendizagem e o trabalho dos teóricos da educação sem encontrar elementos que assegurem melhores resultados na sala.

Ele sugere que o ensino seja planejado com atenção inicial nos objetivos curriculares que devem ser alcançados, depois o professor pensa na forma como estes objetivos serão avaliados; só então ele identifica as atividades propostas para garantir a aprendizagem desejada. Lemov chama esta estratégia de planejamento de "Comece pelo fim".

É imprescindível que o professor colija os dados das avaliações efetuadas depois de uma dada atividade para saber quem acertou e quem errou e, neste caso, por quê. A análise da resposta errada possibilita entender o raciocínio do estudante para, a partir daí, determinar a prática que será aplicada que leve à resposta certa.

Disciplinas que exijam o domínio de conteúdo básico ministrado em período anterior que se constate que alguns alunos não tenham, acabam por forçar que o professor determine atividade para que eles consigam esta habilidade cognitiva de "ordem inferior". Aí então eles alcançarão mais facilmente a habilidade de "ordem superior" pretendida nesta disciplina.

No livro, Lemov descreve 49 técnicas que o professor pode aplicar na sua atividade profissional na educação básica. Por suas características, nem todas podem ser utilizadas no ensino superior.

Para ilustrar a natureza das técnicas deixadas de lado na descrição constante da próxima seção, listamos três técnicas: a "técnica 11 – Faça o mapa", que se refere à arrumação das carteiras na sala de aula; a "técnica 14 – Quadro = Papel", que dispõe que o estudante faça o registro no seu caderno das anotações do professor no quadro; a "técnica 23 – Todos juntos", que propõe que a turma repita em coro a resposta a uma pergunta feita pelo professor.

Curioso que no conjunto de 49 estratégias não haja nenhuma relacionada ao uso de tecnologia digital, como computador, celular, internet. Fica o registro da lacuna aqui.

AULA NOTA 10

Nos dois últimos dias postei aqui nota escrita com base no livro de Doug Lemov, intitulado *"Aula Nota 10: 49 Técnicas para ser um Professor Campeão de Audiência"*. 4ª ed. Porto Alegre: Penso, 2016.

Na primeira nota, cheguei a comentar que, a despeito do título claramente influenciado pelo marketing, o livro contém práticas docentes interessantes, relevantes.

Meu interesse inicial de procurar ler a obra adveio do fato de ela ter a chancela da Fundação Lemann (fundacaolemann.org.br/), cuja missão constante de seu sítio é "colaborar com pessoas e instituições em iniciativas de grande impacto que garantam a aprendizagem de todos os alunos, e formar líderes que resolvam os problemas sociais do país, levando o Brasil a um salto de desenvolvimento com equidade".

Portanto, sem a recomendação da Fundação (que promove eventos para divulgação do livro), o título me induziria a fugir dele, pelo claro apelo ao marketing. Por experiência própria, notei que os marqueteiros das editoras têm compromisso com a venda somente – qual o título mais vendável e não o mais ajustado ao conteúdo da obra. Isto é determinante para suas escolhas. Meu primeiro livro foi publicado em 1984 por grande editora do país (Campus, atual Elsevier): o título que eu havia sugerido para a obra não foi o que ficou na capa. Razão? O meu não era vendável suficiente.

PROFESSOR BRILHANTE

Tive alguns professores brilhantes. Um deles foi o professor Rubens Nascimento Melo (pesquisador pioneiro na área de Banco de Dados, Computação Gráfica e Interação Humano-computador), na Pontifícia Universidade Católica do Rio de Janeiro, onde cursei o mestrado em Informática no período 1982-1983. O professor Rubens, ainda hoje atuante como professor associado da PUC/RJ, tem uma particularidade que nos aproxima: é paraense; sempre atendia os convites para seminários em Belém.

Em várias ocasiões me surpreendi com a clareza com que ele expunha determinados assuntos de meu domínio, mas que eu não tinha a mestria de tornar simples, convincentes, quando os apresentava. Ele os abordava com uma analogia, com uma metáfora, com um exemplo, com um encadeamento de conceitos, que conduzia à clareza solar. Depois de suas aulas, houve várias ocasiões em que me perguntei: como não pensei nisso? Lembrando minhas aulas: como não encadeei os assuntos dessa forma? E por que não utilizei esta analogia simplificadora?

Suas aulas lá no mestrado não eram tão frequentes, dadas as viagens para atender palestras pelo Brasil e mesmo no exterior. Em razão disso, ele sempre iniciava as aulas como se estivesse começando tudo de novo. Repassava as aulas anteriores em breves pinceladas até chegar ao ponto que desejava tratar. Até aí a marca do didata intuitivo (se é que era intuitivo – pois certamente havia intencionalidade no que ele fazia) ao reconhecer que a repetição, de certa forma, fortalece a aprendizagem. Isto havia sido proposto por Edward Lee Thorndike (1874-1949, psicólogo educacional americano) no conexionismo. Depois o próprio Thorndike rejeitou a repetição como prática educacional (Lefrançois, 2015).

Repassando duas ou três vezes os tópicos já tratados da ementa, o professor Rubens assegurava que as ligações neurais se fortalecessem de forma duradoura.

TIPO PARA CÁ, TIPO PARA LÁ

Passei a adotar a seguinte regra na sala de aula quando os estudantes vão fazer exposições, comunicações ou perguntas: é expressamente recomendado evitar a palavra "tipo", a menos que seja realmente necessário utilizá-la; os usos como muleta de linguagem não são permitidos.

A recomendação justifica-se pelo fato de que profissional bem-formado não recorre a estes artifícios. Seu compromisso é com a concisão, a precisão e a correção da mensagem – não só na comunicação escrita.

ALGO PARA APRENDER AINDA?

Na graduação cursei disciplina de metodologia científica. Na pós-graduação lato sensu (especialização), novamente. No mestrado, idem. No doutorado, lá estava ela de novo no rol de disciplinas a cursar.

Há esta exigência nos regimentos acadêmicos: os aproveitamentos de estudos só são aprovados (respeitados a carga horária e o conteúdo), se passados de um curso de graduação para outro. E na pós-graduação? Leva-se em conta o nível do curso: especialização – nível mais baixo; mestrado – intermediário; doutorado – nível mais alto. Se a disciplina foi cursada no mestrado (respeitados a carga horária e o conteúdo), o aproveitamento de estudos pode ser concedido para outro mestrado ou para especialização; o inverso não é permitido.

Além disso, eu tinha passado a lecionar a disciplina na graduação e na especialização. Mas tinha que cursá-la novamente.

Seria a terceira vez. Há algo para aprender ainda? Foi como me questionei.

Conclusão a que cheguei: há. Até poderia afirmar: sempre há. Porém, pode representar perda de tempo. Fiquei atento aos detalhes apresentados pela professora, à sua forma de abordar os assuntos, aos seus critérios de apreciação de artigos do ponto de vista dos avaliadores. Aproveitei para refinar meus critérios de avaliação da redação científica, de como avaliar rapidamente um artigo submetido por um estudante, que orientações passar-lhe. Por fim, uma questão sempre presente: na falta de definição de algum ponto em editais de periódicos ou de eventos, o que fazer? Sua orientação sábia: adotar um procedimento e ir com ele até o fim.

HABILIDADE A EXPLORAR

Eu tinha a pretensão de um dia ser escritor. Para isso me preparei desde cedo, lendo bastante e sempre exercitando a escrita quando possível. O que não consegui ler logo, e que julguei que me seria útil para o ofício da escrita, eu fui acumulando para leitura futura.

Nos grupos de que tenho participado (universidade, igreja, condomínio, clube), quando há necessidade de produzir um texto qualquer (relatório, memorando, ofício), eu me proponho a fazê-lo.

Desta forma, por exemplo, em 1983, eu presidia a Associação de Pós-graduandos da PUC/RJ, e fui participar de reunião de representantes das associações do país na Escola Paulista de Medicina, na cidade de São Paulo. Fiz parte da comissão que elaborou documento apresentado ao MEC, pedindo reajuste das bolsas de mestrado e doutorado.

Depois recebi recortes de jornais de colegas de São Paulo que davam conta que esta carta, de cuja feitura eu havia participado, foi lida no Senado Federal, por senador que havia sido professor da USP, ligado à pós-graduação em Sociologia. Este senador viria a ser eleito presidente da República duas vezes: Fernando Henrique Cardoso.

UMA CASA NO CAMPUS

Eu participei da Associação de Pós-graduandos da PUC/RJ (APG) no período 1982-1983 como membro representante da Informática. O presidente da entidade à época, Luiz Carlos, era aluno oriundo da Universidade Federal de Pernambuco, mestrando da área de Física. Findo o seu mandato, ele me indicou como presidente para sucedê-lo. Meu nome foi homologado pela diretoria da associação.

A APG compartilhava uma casa no campus com a Associação de Docentes da universidade.

Com a ocupação da presidência da entidade, me enfronhei nos problemas da pós-graduação no país e pude aprender a conduzir reuniões em meio a opiniões discordantes, buscando alcançar solução conciliatória que represente uma convergência aceitável para todas as partes envolvidas, senão para a maioria dos participantes.

Mas havia benesses no cargo também: não era só trabalho. Com as viagens frequentes para representar a entidade em vários lugares, pude conhecer toda a região Sul e Sudeste. Além disso, passei a usufruir por um ano da casa no campus onde estava instalada a associação, que me permitia descansar ou dormir na universidade quando me era conveniente.

JORNAIS PARCIAIS

É venial ou não o comportamento de jornais que, em dia em que ocorrem dois fenômenos que raramente se dão simultaneamente em Belém – alta acentuada da maré, que, quando ocorre isoladamente, invade a cidade, causando inundação em vários pontos; e, ao mesmo tempo, chuva torrencial e demorada (em índice atípico), fazendo com que vias fiquem intransitáveis por horas, pois, nesse caso não há vazão para rios e baia –, noticiam isto culpando unicamente o prefeito como inoperante, sem fazer qualquer ressalva a respeito da atipicidade dos eventos? Visto que a resposta é binária, notem os escassos leitores que, em ambos os casos possíveis, o jornal vai mal: se sabe e não faz a ressalva mostra sua parcialidade; se não sabe, vai mal por ignorar os fatos e não procurar especialistas para explicá-los.

É certo que cabe responsabilidade ao prefeito de plantão (e aos antecessores) por não terem conseguido ainda solução que eliminasse ou pelo menos atenuasse os efeitos de tais ocorrências.

"O TEATRO ESTÁ MORRENDO" (I)

Leio matéria na Folha de S. Paulo (25/2/2018), em que Antônio Fagundes, ator e produtor, afirma que o teatro está morrendo. Sem entrar no mérito do que ele diz a respeito do que está levando o teatro à morte, eu diria:

– Não só o teatro está morrendo. Outras formas artísticas caminham para a irrelevância numérica de aficionados, passando a ser atividade ou deleite de poucos. Assim como muitas ocupações deixaram de existir e algumas (poucas) novas foram criadas. Vale a mesma observação para modelos de negócios também.

Que dizer dos grandes cinemas como espaço de entretenimento ou de cultura? Desapareceram. Ou funcionam hoje como igrejas evangélicas ou têm outro fim mais rentável que o original. Apenas algumas salas (pequenas) são suficientes para ocasiões especiais e para mostrar como era no passado o deleite com a exibição de filmes. Não cabe aqui analisar os desdobramentos para o cinema como indústria a ascensão dos serviços de streaming que oferecem conteúdo para assinantes a preço fixo para usufruto em casa (Netflix, Oldflix, Google Play, Philos Tv, HBO GO, MUBI, Looke, Claro Vídeo, Amazon Prime Vídeo, Now, iTunes, Crunchyroll).

Que dizer do livro como lazer, até mesmo como instrumento de cultura? Já teve mais importância. Até um cantor e compositor já ganhou o Prêmio Nobel de Literatura, com a preterição de um escritor (o caso de Bob Dylan, Nobel de Literatura de 2016).

E as livrarias? Agora é negócio de nicho; a diminuição do número de empresas neste segmento é consequência.

Menção inevitável à indústria da fotografia precisa ser feita. Rolos de filmes, máquinas fotográficas, lojas de reprodução de fotografias são coisas do passado.

E as mercearias e as padarias de esquina? Com os supermercados, desapareceram. E os serviços de táxi diante dos aplicativos? E os serviços de hospedagem?

E os restaurantes de cardápio com seu tempo de espera do prato preparado na hora depois que os americanos vieram com a eliminação ou a redução da espera do "selfservice" e dos "fastfoods"?

"O TEATRO ESTÁ MORRENDO" (II)

Continuação da nota anterior – comento matéria publicada na Folha de S. Paulo (25/2/2018): em que Antônio Fagundes, ator e produtor, afirma que o teatro está morrendo. Sem entrar no mérito do que ele diz a respeito do que está levando o teatro à morte, eu disse:

– Não só o teatro está morrendo. Outras formas artísticas caminham para a irrelevância numérica de aficionados, passando a ser atividade ou deleite de poucos. Assim como muitas ocupações deixaram de existir e algumas (poucas) novas foram criadas. Vale a mesma observação para modelos de negócios também.

Segue daqui em diante a nota de hoje.

E os jornais de papel? Estão nos estertores. Estrebucham.

E as revistas impressas? Idem. Basta ver as bancas onde eram e ainda são vendidas? Vão fechando uma após a outra.

O rádio? Quem ainda tem o aparelho? Ficou no passado.

A tevê aberta? Cada vez mais desimportante.

Ainda há telefone fixo? Só como parte da cultura vintage. Aliás, a própria existência desta cultura decorre do fato de seus artefatos terem ficado no passado. Há quem rejeite o estilo de vida atual, e busque trazer o passado para o presente.

E na música? Uma perversidade. E a expectativa dos fins de ano com o lançamento do novo CD do Roberto Carlos? As vendas se contavam na casa dos milhões de exemplares. E agora? Nada. Uma ou outra música postada na rede gratuitamente. Cantores e compositores renomados dizem que não vale a pena lançar novos CDs. Encalhe certo. Poucos compram.

Voltando à ocupação das pessoas: que dizer do emprego como forma de ter remuneração?

E o emprego público?

Nesta linha, que dizer de trabalhos simples como o dos borracheiros com a nova tecnologia de pneus? Que dizer dos mecânicos de motores com os carros elétricos? Quem ainda se lembra dos carros com carburadores da geração anterior?

Comentário final a respeito do lamento do ator (apesar de que ninguém possa dizer que o teatro vá desaparecer, é certo que continue existindo como expressão artística cultivada por pequenos grupos para pequenas plateias). Convenhamos: até que demorou um pouco para começar a morrer!

É da vida. Os gostos mudam. Os valores mudam. Infelizmente, quando estão em questão quantidade e qualidade para preservação ou criação de um modelo de negócio, a primeira (como fator determinante) costuma prevalecer sobre a segunda. A segmentação é a estratégia para não deixar de atender aos que exigem qualidade. Mas isto é para poucos. Pouquíssimos.

INUNDAÇÃO DA SALA DA VIZINHA

A sala de uma vizinha começou a inundar inexplicavelmente. Ela mandou remover o piso atrás de descobrir a razão. Concluiu que a água provinha da minha casa. Não há espaço entre as duas paredes. Vejam só o problema que eu tinha pela frente! Eu não admitia prejudicar um vizinho; além disso, quem poderia dizer que a água não abalaria a estrutura da minha casa? Portanto, eu tinha que encontrar uma solução.

Depois que ela me mostrou – me convenci que tinha razão –, autorizei que seus operários escavassem a calçada de casa, em ponto que ela mesma havia indicado, para ver se encontravam algum rompimento na tubulação que justificasse o vazamento.

Registre-se que a construção da casa dela é anterior à minha. Há quinze anos terminei a construção desta casa.

Feita a escavação em dois pontos na calçada, nada foi encontrado. Ela me contatou então para pedir autorização para escavar agora dentro de casa, começando pela sala; se nada fosse descoberto, iria para a cozinha. Enquanto isso sua sala continuava a inundar em determinados horários.

Disse-lhe que eu iria analisar alternativas para solução do problema, antes de autorizar a escavação do piso da minha sala, já prevendo que teria que trocar todo o revestimento se o trabalho viesse a ser feito.

Analisei a situação: realmente, a água que inundava a sala da vizinha provinha da minha casa. Conclusão óbvia: o encanamento de casa tinha algum furo, quem sabe não seria decorrente de algum cano enferrujado e com furos? Fiz o cálculo do custo para refazer todo o encanamento da casa e os rebocos necessários. Compulsando custos e benefícios desta solução, vi que era melhor do que escavar a sala, e depois a cozinha, sem certeza de que encontraria a razão do problema. Deixando de lado a dúvida pela certeza, optei por fazer novo encanamento e desativar o anterior. Isto feito, problema resolvido sem nenhuma nova escavação infrutífera. Não mais apareceu uma gota sequer de água na sala da vizinha.

SACRIPANTA

Ele mantinha relacionamento de namoro com a jovem há uns seis meses, o que lhe garantia já alguma intimidade (inclusive sexo).

Ele retorna de curta viagem, e tenta marcar encontro com esta pergunta grosseira, obscena, descortês, surpreendendo-a:

– Quando vamos foder?

Revoltada com a forma de abordagem e com o linguajar dele, ela responde rispidamente:

– Olha! Eu não sou puta, eu não fodo, eu faço amor. Não usa mais esta expressão comigo!

O patife não retruca para não aumentar o agastamento dela e, assim, pôr a perder o coito certo. Mas a sua consciência lhe diz:

– Não dá no mesmo?

ÉTICA NO RELACIONAMENTO

Profissional de tecnologia, ele presenteia a namorada com celular com sistema instalado e adrede configurado para registrar na nuvem ligações e mensagens enviadas e recebidas (registros acessíveis só para ele, claro, e sem que ela tivesse conhecimento disto).

Não pareceu que ele tivesse objeções morais ao seu comportamento, pois chegou a comentar com amigos. Para justificar a atitude, ele disse que tinha intenção de levá-la ao altar.

Convenham: há pertinência na pergunta seguinte.

– Caso soubesse disso, ela aceitaria ir?

RELATO DE UMA ABJEÇÃO

Foi o que me ficou em resumo, para qualificá-lo, depois que soube do caso contado pelo próprio namorado.

Para ele, nada de errado havia na sua atitude. Era só prevenção.

ELA GOSTA DE APANHAR

Ele conta o inusitado pedido que teve que atender. No auge da relação sexual, seu pedido era que ele lhe batesse. Uma única exigência ela fazia: que fosse com a mão aberta. Batesse onde quisesse.

Ele preferiu esbofeteá-la. Haja a estalar a bofetada, ora de um lado, ora do outro! Ele batia, de maneira sincronizada; e ouvia-se o grito insistente de "mais! mais!". De início ele golpeava levemente, mas, com o pedido reiterado para que batesse com mais força, o som dos tabefes aumentou.

O barulho inquietou clientes das suítes contíguas do motel, pois as paredes não dispunham de bloqueio acústico.

Não sabiam que a gritaria e os urros de gozo advinham de relação sadomasoquista, que não ocorre só no cinema. Neste caso, na alcova, sem chance para Maria da Penha, pois ela é que implorava para apanhar. Não consta que pedisse em outra condição

PERDER-SE EM DUAS LINHAS

Um e-mail é escrito e enviado. No seu conteúdo, uma linha somente com um comentário qualquer. Havia uma pergunta como assunto para o destinatário.

A resposta retornada trata do comentário, e ignora a pergunta que dá título ao e-mail.

O comentário era coisa casual, irrelevante; a pergunta interessava ao destinatário, e ele a ignorou. Como pode?

É o erro de não perceber o que é acessório e o que é essencial, e acabar valorizando o primeiro em vez do segundo.

PARA PRESERVAR A AGILIDADE

Todos sabemos que por volta dos trinta anos, o corpo humano começa a apresentar sinais mais evidentes de declínio. A agilidade já é bem menor, cansa-se mais com menos esforço feito, o metabolismo fica mais lento. Como consequência, engorda-se mais facilmente. Na marcha para a decrepitude uma coisa deve preocupar sempre: a perda da agilidade.

Por isso, devem-se fazer caminhadas diárias, a passos rápidos, se não houver impedimentos médicos (é o caso, por exemplo, dos que têm problemas coronarianos).

Escrita esta nota, fruto da observação com meu próprio corpo, encontro comentário do Dr. Uronal Zancan respaldando o conteúdo. Ele cita pesquisa relatada em artigo publicado na Jama (*Journal of the American Medical Association*), de 5/1/2011, com o título "Gait Speed and Survival in Older Adults" (Velocidade de marcha e sobrevivência em adultos mais velhos).

Em suma, o que concluí com o que ocorre comigo e o que vejo à minha volta, chancelada pela pesquisa mencionada pelo Dr. Uronal: temos que nos movimentar todo dia, procurando fazê-lo com rapidez. Jamais se render ao imobilismo; assim, conseguiremos preservar melhor qualidade de vida por mais tempo. Isto serve também para jovens.

UMA PERSONAGEM

Ela é baixa, mais para gorda do que forte; seu caminhar, lento, arrastando os pés; eles formam ângulo de 120 graus; daí o apelido que os colegas lhe atribuíram, sem que ela saiba: "dez para as duas".

Ora, este fato explica a lentidão no caminhar. Não é possível agilidade com esta angulação dos pés na posição de repouso. A rapidez exige que, na caminhada ou na corrida, os pés fiquem alinhados, paralelos.

Um traço da personalidade é deixar-se manipular por quem se aproxime dela, fazendo-se de amigo; considera-se inteligente, mas isto não é possível, já que é tão influenciável, e deixa que isso ocorra facilmente. Não tem posições próprias: vai pelo que lhe falam, e induzam.

Da realidade ou da ficção?

SOLUÇÃO QUESTIONADA... POR UM TEMPO

Como coordenador de curso, comentei outro dia, enfrentamos situações difíceis, que, às vezes, escapam da estrita aplicação do regimento da instituição. Há gestores que se atêm ao regimento. Apesar de achar que não se deva fazer ilegalidade, eu penso que podemos ir, em alguma situação, um pouco além do regimento. Com isto quero dizer: fazer algo que não está explícito nele, mas que é legal. Se fosse para limitar-se a ele, até que tudo seria mais fácil e previsível, mas, certamente a gestão seria amarrada e pouco produtiva.

Avaliem a situação: o representante da turma me pediu que comparecesse à sala para debate a respeito da situação de uma disciplina concluída que, na avaliação dele, não foi bem ministrada:

o professor não havia ministrado todas as aulas, estas tinham ficado no encargo de um orientando do docente, razão alegada para não ter havido aprendizagem. Como mencionei em outra nota deste livro, me recuso a participar de reunião na sala para tratar deste tipo de questão (prefiro a reunião em colegiado). Para a questão posta encaminhei solução nos termos que julguei mais apropriada.

Antes de tudo, eu comentei que o problema tinha que ter sido comunicado em tempo à coordenação, não só depois de concluída a disciplina; meu procedimento teria sido conversar com o professor para encontrar solução tempestiva para o caso.

Na sua visão simplificadora, o representante havia sugerido que a disciplina fosse ministrada de novo por outro professor.

Comentei que eu não teria como fazer isto: que justificativa apresentar à administração a respeito de realizar duas vezes uma disciplina? Havia ainda a questão financeira, o duplo pagamento estava fora da programação. Se eu fizesse isso, teria que relatar à administração o ocorrido: isto alcançaria o professor, que teria que responder processo. E mais grave: ponderei que a questão teria outros desdobramentos. Como este processo não teria desenlace rápido, a turma presente seria ainda penalizada: agora quanto à conclusão do curso, que não ocorreria na data prevista. Haveria atrasos inevitáveis no cronograma. Pior: haveria ainda implicações para a próxima turma, já que a anterior teria que ser concluída para iniciar a nova. Disse ao representante que eu daria outra solução: programaria minicurso para cobrir o conteúdo questionado, como atividade de nivelamento, com recurso devidamente provisionado no cronograma financeiro do curso.

Este representante de turma questionou duramente minha solução para o caso, a despeito dos argumentos que eu apresentei. No fim, ficou como eu encaminhei. Quem reapresentou o assunto não aprendido se saiu muito bem, fato reconhecido unanimemente em avaliação que apliquei depois do minicurso. Assim, eliminei qualquer possibilidade de crítica de alguém apontar conteúdo não ministrado apropriadamente na avaliação final do curso.

Três anos depois, este representante de turma, agora como coordenador de curso em outra instituição, tinha vivenciado situação semelhante. Aí, enfim, ele compreendeu por que eu tinha adotado aquela solução que ele tanto criticara como aluno. Fez questão de se desculpar comigo por não ter tido discernimento de ver, naquela altura, que eu tinha razão, e que tinha adotado a melhor solução para a circunstância. Ele reconhecia agora que realmente há condicionamentos que nos levam a buscar solução menos conflituosa e onerosa, até fora do regimento, para não colocar em risco o cronograma do curso e a continuidade do projeto.

SENTADA SOBRE O PROCESSO

Eu tinha interesse em um processo de criação de curso de pós-graduação lato sensu (especialização) autofinanciado, submetido à Pró-reitoria de Pesquisa e Pós-graduação (PROPESP) da UFPA. O prazo previsto para início das inscrições no curso se avizinhava, sem que eu recebesse autorização para iniciá-las. Eu soube que uma professora do Instituto de Educação (participante da diretoria da Adufpa, que anos depois viria a presidir a entidade) era contrária à criação de tais cursos, e tinha ficado com o processo para análise, sem deliberar por mais de seis meses, claramente para evitar seu início.

Em uma sexta-feira, preocupado por não ter resposta a dar para os interessados em participar do curso e vendo o prazo para início aproximar-se, já adiado duas vezes, liguei para a PROPESP. Perguntei ao diretor de pós-graduação se ele era contrário à realização do curso. Respondeu que não. Havia outro membro da tal comissão encarregada da análise dos projetos. Perguntei qual era a posição dele. O diretor me respondeu que era favorável. Então fui contundente com o diretor:

– Ora, o senhor tem todos os elementos para tomar uma decisão. Não se omita! Se há alguém contrário, tudo bem, registre sua manifestação, mas fica aprovado o projeto com o resultado 2 a 1. Concordo que se busque unanimidade, mas nem sempre vai ocorrer, e temos que saber quando é o caso. Só não há é justificativa para protelar o início do projeto pela terceira vez porque, mesmo não havendo impedimento legal, regimental, ou de outra natureza, só por contrariar posição ideológica de alguém, que seja acatada a posição minoritária como se majoritária fosse. Registre-se isto, mas encaminhe o processo para a elaboração da portaria, de modo que o curso possa ser iniciado.

Na segunda-feira, recebi a autorização para iniciar as inscrições.

TENTANDO MINHA PERMANÊNCIA

Tendo começado a trabalhar na UFPA com 21 anos (1976), eu completei 35 anos de trabalho em 2011. Ocorre que eu tinha 56 anos; a regra para aposentadoria estabelecia, para o meu caso, além dos 35 anos trabalhados, 60 anos de idade. Só em 2015 me tornei sexagenário (aí já com 39 anos trabalhados).

Em novembro passado, dei entrada do pedido à UFPA; alguns estudantes, quando souberam que eu estava de saída, se surpreenderam:

– Como pode isto, professor? Tão novo (hahaha!), e já vai aposentar-se?! Não vá, ainda! Fique um pouco mais!

Eu expliquei que passei sete anos além do tempo mínimo de trabalho; não se tratava de sair no dia seguinte após completar este tempo.

E mais ainda: eu só teria mais sete anos pela frente, para sair pela aposentadoria compulsória (70 anos).

Financeiramente, eu tinha pouco a ganhar permanecendo; era questão de tempo para chegar a professor titular, sem grande diferença em termos de vencimentos. Com o tempo livre agora posso assumir compromisso em qualquer lugar como professor *freelancer* (se convidado, e se quiser), e me voltar para a carreira de escritor, que esteve na minha cogitação desde há muito, mas como visão de futuro, pois eu não dispunha de tempo para dedicar-me a ela. Só que agora o futuro chegou. Em breve terei surpresas para os amigos nesta área.

Quando redigi esta nota, eu tinha pouco mais de um mês na condição de aposentado: a portaria do Reitor é de 21/2/2018. Consta na portaria: "aposentadoria voluntária por tempo de contribuição".

QUAL ERA O OBJETIVO DA AULA?

Como coordenador de curso, às vezes, é necessário ouvir ponderações de alunos a respeito do cronograma de atividades, da sequência de oferta de disciplinas, dos recursos disponíveis (salas, equipamentos, laboratórios, biblioteca) e também do trabalho de professores. Para isto há ainda o instrumento de avaliação das disciplinas no fim, para saber se os objetivos foram alcançados, se o conteúdo da ementa foi abordado completamente, se houve aprendizagem por parte dos alunos, dentre outras informações de interesse da administração do curso.

Em certa ocasião, representando a turma, um aluno por quem eu tinha amizade anterior à atividade acadêmica, me relata insatisfação com um professor. Não se tratava de reclamação quanto ao domínio do conteúdo por parte do profissional. O aluno dizia que saia da sala, com frequência, sem saber qual tinha sido o objetivo da aula, pois o professor havia passado por vários assuntos, pulando de um para o outro, sem indicar aonde pretendia chegar. Ou seja, sua crítica era que faltava objetividade nas aulas.

O professor começava a falar de algo, sem que terminasse, passava a abordar outro assunto, e enveredava por outro; dali a pouco, sem que tivesse concluído o pensamento anterior, abria novo parêntese. Nesta toada, com frequência, já não mais lembrava por que estava falando a respeito daquilo.

Quem não comete este erro? Já vi vários se perderem nas suas palestras; eu mesmo já me perdi incontáveis vezes. Fico atento para evitar isto. É o caso da pessoa que se perde com os vários parênteses que vai abrindo – começa um assunto, sem finalizá-lo passa para outro, daí vai para outro – o resultado frequente é que a pessoa se perca neste emaranhado de parênteses e o ouvinte (aluno) acabe por não compreender a exposição, pois não percebe lógica no encadeamento dos assuntos. Percursos interrompidos não são retomados, prejudicando a compreensão.

Noto que isto é mais frequente em professores que dominam vários assuntos ou tenham muita experiência: passam de um assunto para o outro sem encerrar o anterior, com intenção de voltar, mas eles esquecem pelo meio do caminho; o mesmo ocorre ao relatar casos: um puxa o outro na sua lembrança, sem dar fim de um vai a outro, e acaba por perder-se neste empilhamento mental, sem retomar o último caso interrompido.

O aluno me relata, sintetizando:

– Saio da sala sem saber qual era o objetivo da aula. Não ficou claro: ele inicia sem dizer, tangencia vários assuntos, deixa inconclusos os temas abordados e finaliza sem que possamos dizer qual era o propósito da sua aula.

Esta nota reforça este ponto: para cada aula o seu objetivo, informado já nas primeiras palavras do professor. Doug Lemov (2016) sugere que seja escrito no quadro. No fim da aula, as últimas palavras do professor são para demonstrar que o objetivo foi atingido.

TAXISTA BOQUIRROTO

Os percursos de táxi na madrugada do aeroporto para casa possibilitam conhecer tipos curiosos. Alguns (raros) mantêm-se calados nos vinte a vinte e cinco minutos da corrida. Como prefiro o banco da frente, vejo logo uma forma de iniciar conversa, até para nossa segurança e assim afastar possível cochilo do condutor.

Não precisei desta vez. O taxista, meia-idade, tagarela, desbocado, relata o que ia fazer depois desta que seria sua última viagem. Ele é detalhista na descrição. A mulher o estava esperando com uma terrina de caldo quente de mocotó. Explicou como era o preparo do caldo, temperos, consistência ideal, tempo de cozimento. Em seguida à tigela grande de caldo, um pouco de tevê para a digestão de ambos. Depois iriam para a cama. Ele me disse o que iria comer então de sobremesa. Recuso-me a repetir suas palavras por pudor com leitoras e leitores. Há décadas que eu não ouvia este palavrão (oxítona) de quatro letras – agora até dicionarizado – que começa com a letra xis.

TAMANHO DA BARRIGA

Sem que lhe tenha sido perguntado, um colega tenta explicar por que está bem mais gordo:
– Minha alimentação é muito forte.
O adjetivo empregado não me ajudou a entender. Como é questão pessoal, não me interessei por saber o que é alimentação forte para ele. Interessante que não tenha falado nem em quantas refeições fazia, nem nos alimentos que comia e nem no tamanho das porções ingeridas.

ELEVAR AS EXPECTATIVAS

Com frequência, os alunos reclamam que estão sobrecarregados de tarefas das várias disciplinas que cursam e, por isso, não podem assumir novas incumbências. Isto visa fazer com que o professor não lhes dê mais nenhum trabalho. Como resolver a questão?
Se o planejamento de cada disciplina for apresentado logo no início (como o contrato didático da pedagogia francesa estabelece), isto fica atenuado, pois eles podem fazer seu cronograma de atividades e, com ele, controlar seus "deadlines" (datas-limite).
É inconcebível, mas há professor que não planeja minuciosamente suas disciplinas desde o início, para cobrir tudo o que consta

da ementa, e levando em conta como pretende alcançar os objetivos propostos. E, depois, no fim do período, verifique as melhorias que precisam ser feitas para a próxima oferta da disciplina.

Khan (2013) e Lemov (2016) (autores tratados em notas anteriores, e sobre os quais tenho escrito) reforçam que devemos elevar o sarrafo das expectativas de aprendizagem. Khan, por exemplo, acha inaceitável que um estudante obtenha 75% a 80% em uma avaliação e se dê por satisfeito com o resultado. Se isto acontecer, e com o acompanhamento do professor, o aluno deve persistir até conseguir 100%. Khan alega que mesmo os 100% não são garantia de que tenha ficado tudo compreendido devidamente, pois isto pode ter sido mascarado pela avaliação.

PARQUE DO UTINGA

Pelas fotos que vi da divulgação do governo do estado: uma beleza o parque que a cidade de Belém ganhou. Sem o visitar ainda, eu acrescento que, como qualquer obra humana, deve haver algo que não tenha ficado bem, ou que poderia ter tido talvez outra solução. Para certos jornalistas (os do contra tudo e todos), no entanto, não haverá nada de bom a apontar. É questão de aguardar as manifestações contrárias, já que estou antecipando comportamentos com o que vi com a inauguração da Estação das Docas e da do Mangal das Garças. Houve quem escrevesse artigo apontando só defeitos nas realizações.

Mais uma obra de Paulo Chaves, um craque como arquiteto de grandes espaços, com trabalho reconhecido nacionalmente.

Para cada bela solução encontrada pelo arquiteto vão contrapor dez defeitos. Presumo que este tipo de jornalista vê a vida influenciado fortemente com o que lhe pesa no estômago: acidez permanente além do normal.

EU ERA MUITO RUIM, MAS TINHA VOCAÇÃO...

Em entrevista, um ator da tevê Globo diz que era muito ruim no começo da profissão, mas seguiu o que disse ser sua vocação: insistiu na carreira de ator. Contado assim, suas palavras sugerem que ele melhorou muito.

Para mim, não é o caso; ele continua não sendo convincente nos papéis. Encenou um costureiro (protagonista) em uma reedição de uma novela, e era exemplo de atuação tosca, risível. Risível pelo esforço que ele fazia – mas sem naturalidade, que é a marca que se impõe do bom ator.

É louvável sua persistência, mas ainda tinha que melhorar bastante para dar a entrevista nos termos em que falou.

É certo que ninguém pode tirar-lhe o direito de julgar-se um portento da arte da encenação. E de mim o de achar que ele não é convincente. Parece-me caricato. Cômico, quando não deveria ser.

POR QUE MANAUS NA COPA

Ninguém entendeu a escolha de Manaus como cidade representante da Amazônia para a Copa do Mundo da FIFA 2014 se Belém reunia todas as condições, com exigência de menores investimentos. Com o petrolão e toda a corrupção das empreiteiras, Odebrecht na liderança, ficou clara a razão da escolha: era melhor construir um estádio do nada do que remodelar um existente. Se escolhessem Belém, a margem de manobra para a corrupção seria bem menor. Apesar de Belém ter estádio quase pronto, de o Pará ter Paysandu e Remo – tradição maior no futebol na Região Norte – mesmo com a governadora do PT (mesmo partido do presidente), isto tudo não foi suficiente para a escolha. É admissível presumir, pelo que se sabe hoje, que a margem para a corrupção era determinante nas decisões de governo, como acontece com a administração em que a corrupção norteia a formulação das políticas públicas.

ONDE ESTOU?

A sensação de acordar em lugar diferente do habitual levou à pergunta do título. Além do escuro, burburinho alto. Não entendia por que aquelas pessoas gritavam. Procurei uma janela nas paredes para tentar ter ideia da hora pela claridade do sol. Mas não havia janela. Escuridão total! Vi que estava em colchão jogado no chão. Aí vi a colega paulista, estudante de engenharia civil da UFSC, que permanecia dormindo ao lado.

Só então me dei conta de onde estava. Tinha ido a uma festa em um apartamento de colegas da UFRJ, nas imediações do Hotel Glória no Rio, reunindo pós-graduandos de várias instituições do Estado. O murmurinho era da feira que funciona na rua, audível no terceiro andar do edifício; os comerciantes preparavam aos gritos e risadas suas barracas para a manhã de vendas.

Não consegui contar quantos quartos havia no apartamento; cada um que formasse seu par poderia ocupar o quarto que encontrasse livre, segundo instruções dadas na entrada do apartamento pelos estudantes que lá moravam.

Não tenho estes vícios comuns (bebida, cigarro), muito menos qualquer droga. Suspeitei que fosse o que mais havia lá pelo odor da fumaça. Quem sabe não foi por tabela que eu apaguei completamente, a ponto de não saber onde estava? Também não me lembrava da hora em que fui dormir. Mas, como disse, rapidamente me recompus ao ver a garota que dormia ao lado.

DELICADEZA E CINZAS

Saio sossegadamente do elevador do hotel Sheraton em Nova York (7ª avenida com a rua 53) e diviso casal de colegas ao longe, dirigindo-se para a porta de saída. Duplamente surpreso: com o encontro inopinado na "Big Apple", e por vê-los juntos. Ambos casados (conheço os respectivos cônjuges), eu não sabia se tinham iniciado relação. Para evitar possíveis constrangimentos, não os abordo, preferindo deixar que se afastassem sem que me vissem. Passei a ter cuidado nas minhas entradas e saídas do hotel para não os encontrar.

Não sei se eles me viram alguma vez; se ocorreu, tiveram comportamento semelhante ao meu.

De volta ao Rio de Janeiro, notei que ambos mantinham seus casamentos anteriores. Por óbvio, na interação com os dois casais eu ignorei que vi o que vi.

Só não digo que vou levar esta confidência para o túmulo porque prefiro a cremação. Vai para as cinzas, portanto, se minha vontade for feita.

BIBLIOTECA DE LOMBADAS

Vendo o cenário da foto que ilustra a entrevista do ex-presidente Lula à Folha de S. Paulo em 1º/3/2018, em que aparecem pilhas de livros sobre uma estante – ele reconhecidamente um autodeclarado não adepto da leitura, por lhe causar azia, lembro o caso do empresário da moda Humberto Saade (1941-2017), dono da marca de jeans Dijon que, na década de 1980, lançou as modelos Luiza Brunet e Monique Evans nos seus anúncios, ousados para a época, em que elas apareciam trajando somente seus jeans.

Vez ou outra Saade aparecia em fotos na sua biblioteca. Fazia questão de dizer, cinicamente, que as lombadas só compunham o cenário: eram ocas. Para que nenhum desavisado pensasse que ele tinha lido toda aquela parede de presumidos livros, ou que fosse leitor habitual. A biblioteca toda, do piso ao teto, não tinha uma página sequer.

ASSOPRADOR DE APITO

O jornalista experiente da Folha de S. Paulo, cujas ideias políticas se situam perto do socialismo, chama o árbitro de uma partida de futebol de assoprador de apito para depreciá-lo, como gosta de fazer com juízes; ele também gosta de repreender jogadores – basta que eles não ajam de acordo com a cartilha de comportamento do cronista.

Para mim, ele é mero concatenador de clichês, esforçando-se além da conta para parecer um Nelson Rodrigues na crônica futebolística. É comovente seu empenho; infrutífero, porém.

Basta ver o número de vezes em que ele tenta escrever como o dramaturgo e em que o cita explicitamente, sem conseguir, minimamente, com seus textinhos de frases curtas, chegar perto do seu intento.

ESCOPO DO TRABALHO DOCENTE

Essencialmente, o trabalho do professor consiste dos mesmos passos exigidos quando se tem algo complexo para realizar. Para planejar este trabalho algumas perguntas preestabelecidas precisam ser respondidas – com as respostas tem-se o plano de ensino. Aprovado este plano, segue-se sua execução, com a administração do ensino. Enquanto durar a execução, são realizados o controle e o acompanhamento das tarefas do plano.

Basicamente, as perguntas são as mesmas que o gerente de um projeto precisa responder para produzir seu plano de trabalho[3]. As questões que o docente precisa responder para elaborar seu plano são listadas a seguir:

– QUE conteúdo ensinar? Ementa e programa da disciplina dão a resposta aqui;

– A QUEM ensinar? Informações sobre os estudantes da turma, com dados da trajetória anterior, resultados de testes de sondagem para verificar o domínio de conhecimentos prévios necessários para a disciplina. Lacunas identificadas aqui precisam ser sanadas de

---

[3] Princípio W^2HH proposto por Barry Boehm *apud* (Pressman, 2006) como base para descrever bem um projeto de software (e projetos em geral): *what* (o que)? *who* (quem)? *where* (onde)? *when* (quando)? *why* (por que)? *how* (como)? *how much* (quanto)?

alguma forma, pois, caso contrário, provavelmente prejudicarão a aprendizagem esperada;

– ONDE o trabalho será desenvolvido? Identificação do local onde as aulas serão realizadas (sala, laboratório, auditório, outra dependência);

– QUANDO (período considerado)? Inclui cronograma de atividades da disciplina, aula a aula, datas previstas de avaliações formativas, datas previstas de avaliações somativas, datas de entrega de trabalhos (projetos, artigos, software desenvolvido, exercícios de fixação, diagramas, etc.);

– POR QUÊ? A questão a responder é por que este conteúdo precisa ser ensinado, que objetivos se pretendem atingir, que habilidades e competências precisam ser desenvolvidas;

– COMO? Com que práticas didáticas as habilidades e as competências constantes do programa da disciplina serão atingidas? Como estes resultados serão medidos? Que instrumentos de avaliação serão utilizados para confirmar o alcance dos resultados?

– COM QUAIS RECURSOS? Que recursos materiais (acervo bibliográfico, laboratórios, salas de aula, equipamentos disponíveis, viagens) serão utilizados para conseguir que as habilidades e as competências sejam adquiridas pelos alunos.

Mesmo quando isto tudo é seguido com critério, pode ocorrer de a avaliação no fim do processo levar a que se constate que os objetivos não foram atingidos, satisfatoriamente, por exemplo, por nem todos os estudantes terem conseguido o aprendizado desejado. Isto impõe que a instituição de ensino, de alguma forma, proponha novos procedimentos didáticos, aplicáveis aos estudantes que não atingiram a aprendizagem requerida, para que sua missão organizacional seja concretizada.

GAMIFICAÇÃO (I)

Gamificação (do inglês gamification) é a prática de utilizar a sistemática de jogos fora de seu ambiente de origem (diversão e entre-

tabuleiros, os jogos de vídeo, e outras variações. Há objetos que são manipulados em cada tipo particular de jogo – sejam bolas, cartas, peças, tabuleiros, etc.

A chamada gamificação objetiva trazer o ambiente dos jogos – com todos os seus elementos – para utilização na educação. Aplicativos têm sido desenvolvidos com o propósito de oferecer ambiente de jogo que possibilite aprendizagem de tópicos de engenharia de software, de redes de computadores e outros. Trabalhos de Conclusão de Curso (TCC) e mesmo dissertações de mestrado têm sido desenvolvidas a respeito da utilização da gamificação. O TCC de Silva & Vieira (2017) é um exemplo de trabalho aplicado ao ensino de redes de computadores.

Como de resto todas as várias abordagens que podem ser utilizadas no ensino, esta é mais uma opção que o docente pode utilizar para tornar a aprendizagem de tópicos de sua disciplina menos maçante, mais motivadora e atraente pela variedade de práticas adotadas.

EDUCADOR?

Confesso o desatino que quase eu cometia: o primeiro título que dei para meu livro "Casos e Percepções de um Professor", lançado em 2016, trazia "educador" no lugar de "professor". Em tempo me dei conta da impropriedade. Afinal, não acho mesmo que eu seja educador. Sinto que seria meio pretensioso se eu considerasse que eduque alguém. Talvez isto só valha para meus filhos, e olhe lá!

Ainda explorando o assunto: no máximo, quem sabe, meu comportamento – aqui e ali –, alguma atitude, alguma ação, algum exemplo sirvam como tal para quem os veja, e os tome como educativos. Mesmo aí os escassos exemplos devem ser confrontados com os vários contraexemplos. E talvez a balança penda em meu desfavor! Ou seja, talvez em vez de se educar, o expectador acabe deseducado.

O que sou mesmo é um mero explicador de coisas. Se tanto! Esforçado em me fazer entender, mas, sempre em dúvida se eu consegui dizer exatamente o que eu pretendia, ou se eu induzi com as palavras escolhidas algo diferente do que era a intenção inicial; isto só para expressar as dificuldades de um lado; há ainda o lado do aluno, com as suas possibilidades de compreensão, que podem não corresponder com o que o professor tinha como intenção.

PROBLEMA DE COMUNICAÇÃO

A dificuldade mencionada na nota anterior a que o professor está sujeito é a mesma por que passa o engenheiro de software que se vale do que lhe informa o especialista na área de conhecimento para a qual o software vai ser desenvolvido. A respeito deste problema, Pressman (2002) reproduz o que um "stakeholder" (interessado) disse para o engenheiro de software (no livro tal "stakeholder" é classificado de infame). E o que ele disse para desagradar tanto? Talvez seja necessário ler mais de uma vez para alcançar a abrangência e a profundidade do que é dito:

— Eu sei que você acredita que entendeu o que pensa que eu disse, mas não estou certo de que você reconhece que o que você ouviu não é o que eu quis dizer (Pressman, 2002, p. 266).

CODIFICAÇÃO DOJÔ (I)

A palavra "dojô" refere-se ao local onde se treinam artes marciais japonesas, como jiu-jitsu, judô, caratê, aikidô, e outras. Dojô em japonês significa "local do caminho": é, portanto, o local onde os praticantes se reúnem para aperfeiçoar suas técnicas de luta.

Por analogia, a Codificação Dojô é o ambiente em que se encontram desenvolvedores de software ou aprendizes de programação, e que, seguindo dinâmicas próprias, resolvem um desafio proposto pelo mestre condutor da sessão (no caso da utilização como estratégia de ensino, o papel é do professor). O propósito da participação dos desenvolvedores é assimilar e exercitar boas práticas de programação. Portanto, não é abordagem para ser empregada em fase inicial das disciplinas de programação, mas quando já houver considerável domínio de programação na linguagem ministrada.

A abordagem é trazida para cá como estratégia útil para o ensino de programação, com a qual se alcança maior efetividade em termos de aprendizagem do que a chamada "aula prática" usualmente adotada por alguns professores, que consiste em colocar um aluno ou uma dupla por computador. Ocorre que depois o professor não consegue acompanhar o que os estudantes fazem no computador, em especial em turmas com mais de dez alunos. Isto faz com que o aluno (ou a dupla) siga seu próprio caminho, com frequência desviando-se do objetivo proposto. O resultado desta forma de "aula prática" é perda de tempo e pouca aprendizagem.

A prática da Codificação Dojô utiliza o seguinte arranjo: pelo menos um computador conectado a um projetor, tela para projeção, de modo que a plateia possa acompanhar as ações realizadas no computador, uma dupla de programadores (piloto com acesso ao teclado e copiloto, ao lado; o piloto explica cada passo que adotar), um mestre que apresenta os desafios e a plateia, que acompanha as ações, mas pode interagir com o piloto e o copiloto e com o mestre. O papel do copiloto é analisar as ações do piloto, e lhe oferecer sugestões e críticas.

Perguntas podem ser dirigidas ao mestre; sua resposta é na forma de outra pergunta.

Há rotatividade na participação dos membros do grupo: a cada cinco ou dez minutos (tempo a ser definido pelo mestre), o piloto deixa a função, voltando à plateia, passando-a ao copiloto e alguém da plateia assume essa função. Com isso, observa-se que o código é construído coletivamente. Quando o desafio proposto tiver sido concluído, o mestre oferece o problema seguinte para resolução, um pouco mais complexo que o anterior.

CODIFICAÇÃO DOJÔ (II)

A Codificação Dojô pode apresentar variações: piloto e copiloto serem fixos durante toda a sessão, mas alternarem a posição entre si (como ocorre na programação em duplas da "programação extrema"). Outra forma é contar com várias duplas para implementar os desafios: neste caso, sem utilização de projetor. Outra variação: a solução pode ser desenvolvida antes da sessão pelo piloto e copiloto; durante a sessão, essa solução é apresentada e discutida com a plateia, podendo ser aprimorada.

Em síntese, a Codificação Dojô oferece uma abordagem para trabalho em grupo, cooperativo, que possibilita aperfeiçoamento das habilidades de programação dos participantes.

Outra regra básica da Codificação Dojô (além da programação em dupla) é a utilização do "Desenvolvimento guiado pelo teste": um caso de teste deve ser formulado antes que qualquer código seja implementado; depois, o caso de teste é utilizado para verificar a correção do código escrito. Uma regra final é que o código evolua com base em pequenos incrementos, até que toda a funcionalidade seja implementada.

CODIFICAÇÃO DOJÔ (III)

Dependendo do estágio dos testes que encaminham a implementação, uma sessão de Codificação Dojô encontra-se em uma das três fases abaixo:

Fase Vermelha: há pelo menos um caso de teste que não produz resultado correto. Piloto e copiloto concentrados na solução do problema.

Fase Verde: todos os casos teste rodados apresentam resultados esperados. É momento ideal para a plateia apresentar sugestões de melhoria do código produzido.

Fase Cinza: é aquela em que modificações foram introduzidas no código decorrentes de sugestões apresentadas, mas os testes ainda não foram executados.

A sessão dojô é finalizada com a apreciação da solução obtida; os participantes podem manifestar-se a respeito, apresentando prós e contras; estes posicionamentos são debatidos pela plateia.

A despeito de esta abordagem referir-se à codificação, não há impedimento que seja utilizada para outras etapas do processo de desenvolvimento de software. Por exemplo, para a especificação de requisitos de uma aplicação, para a modelagem de classes, para o projeto de interação humano-computador.

No tocante à especificação (requisitos, análise ou projeto), a estratégia possibilita que sejam levados em conta os aspectos necessários ao trabalho de quem vai dar andamento depois de dada etapa, com menos espaço para lacunas. A existência de indefinições ou incompletudes na especificação de um projeto de software impede que os programadores desenvolvam seu trabalho apropriadamente. Havendo lacunas, pode ocorrer de eles as suprirem com decisões erradas.

SACRIFÍCIO PARA O LUXO DOS VIZINHOS

Nestas minhas notas, valorizo as situações engraçadas do cotidiano, os casos de que se podem extrair aprendizados para a vida. Vou aqui tratar a respeito de investimentos em imóveis: repassar algumas orientações para quem pretende adquirir um imóvel, respaldado em instruções do consultor financeiro Mauro Halfeld (Halfeld, 2001). Em especial, tento alertar para os cuidados que devem ser tomados antes de fechar negócio.

Primeiro que tudo, é preciso dizer que investir em imóveis envolve riscos, como, de resto, ocorre com qualquer forma de investimento, seja dólar, ouro, CDB, fundos de renda fixa e bolsa, para ficar em algumas formas mais comuns de aplicação do dinheiro. Outra coisa: o imóvel pode sofrer depreciação por conta de fatores como a localização, o tamanho, o modelo. Se for adquirido para aluguel, a lei do inquilinato pode ser fator negativo (favorece mais o inquilino); esta é uma razão por que o contrato de locação deve ser elaborado com assessoria jurídica experiente na área de administração de imóveis. Se a aquisição vai ser feita com financiamento de longo prazo, os juros altos são o padrão, e constituem fator negativo a ser avaliado detidamente. Se for apartamento, as unidades dos primeiros andares têm bom desconto, pois há problema de barulho, visão limitada, menor segurança que as unidades de andares superiores. Se for aquisição de imóvel novo, há custos que precisam ser avaliados: armários, decoração, melhorias que o proprietário queira fazer. Se for compra de imóvel na planta, a construtora deve oferecer desconto considerável em relação ao imóvel pronto; há ainda neste caso o risco envolvido com a própria construção (falência da empresa, problemas com a construção). Halfeld (2001) afirma que os melhores negócios com imóveis não são feitos com novos (primeira habitação), mas com aqueles com 3 a 7 anos de uso, em face de haver boa depreciação. Uma opção que não pode ser descartada é a própria construção do imóvel (opção: casa) pelo próprio investidor. Se for imóvel em condomínio, é conveniente informar-se a respeito do valor previsto da taxa condominial.

Qualquer decisão de investimento não pode ser tomada com açodamento. A pressa para decidir faz com que provavelmente não sejam ponderados todos os prós e os contras da opção.

Para contar um caso, lembro o que ocorreu com colega que adquiriu, lançando mão de suas economias, um apartamento para morar em prédio de alto padrão de luxo, claramente incompatível com a sua condição financeira.

Ele não avaliou adequadamente a previsão do valor da taxa condominial, em face do número reduzido de unidades do edifício e da excelência dos serviços previstos.

Em sua maioria, os condôminos do prédio eram empresários e dirigentes de alto escalão de governos (estadual, federal), políticos, ou descendentes de famílias tradicionais, ricas, da cidade.

Na pérgula de uma das piscinas, um grupo se reunia para bebericar seu uísque *The John Walker Blue* (a garrafa de 750 ml custa mais de R$ 16.000); sujeitavam-se a consumir *Jack Daniels Sinatra Century*, bem mais barato, com garrafa a R$ 2.500, só quando o estoque do anterior não era renovado em tempo.

Ao saber que um dos condôminos, que não frequentava as áreas de lazer do prédio, era simples funcionário de um banco estatal, um dos comensais disse, brincando:

— Devemos agradecer ao bancário amigo, afinal nos ajuda com parte significativa da sua remuneração mensal no rateio para pagamento dos nossos muitos luxos do condomínio.

Após o que todos caíram na gargalhada.

QUEBRANDO MARCAS

O professor comentou comigo seu feito do dia — como se dissesse algo muito positivo:

— Hoje eu me superei; consegui mostrar uns 120 slides em duas horas-aula (100 minutos).

Minha resposta ao comentário foi uma gargalhada. Achei dispensável perguntar se alguém tinha aprendido alguma coisa na aula.

Alguém pode aduzir: eram slides com cinco, seis palavras, com gráficos enriquecedores, com quadros sintetizadores de assuntos abordados. Não, não eram. Em sua maioria eram slides antididáticos, com texto demais, que ele lia apressadamente. Não parecia haver preocupação de que os alunos entendessem o que era exposto. A intenção era passar pelos assuntos, para declarar que tinham sido abordados, mesmo que quase sempre os tangenciando, somente.

ACADEMIAS DE LETRAS

Alguém comentou que o prefeito de Belém havia entrado para a Academia Paraense de Letras logo depois de publicar sua única obra literária: um livro de poesias.

Não conheço a obra poética do prefeito para opinar. Mas surpreende que se consiga entrar em uma academia de letras já com a primeira obra, se for verdadeira a notícia. Seria caso raro de excelência, sem necessidade de período de amadurecimento literário. Isto tem um nome: obra-prima. Houve concorrentes à vaga ocupada pelo prefeito? Se houve, e ele foi admitido, nada há a dizer. Era candidato único? Se ele foi o único candidato à vaga, que há a opor se foi aprovado pelos acadêmicos? Nada!

Surpreso fiquei, porém não deveria. Afinal, já houve quem entrasse para a Academia Brasileira de Letras (ABL), fundada por Machado de Assis, sem nenhuma obra sequer – os que fizeram a indicação e, claro, tinham interesse em sua entrada, haviam reunido uns ofícios escritos e umas páginas esparsas redigidas pelo militar, e foi suficiente para tal candidato tornar-se imortal durante o regime militar.

Sempre vai haver questionamento acerca da entrada de alguém em uma academia. Quando Paulo Coelho foi aceito na ABL houve questionamento – inadmissível – afinal, ele é um dos escritores com mais traduções (cerca de 80 traduções) em línguas diferentes (isto lhe dá a nona posição na história da literatura), e mais: seu livro "O Alquimista", lançado em 1988 nos Estados Unidos, ainda ocupa os primeiros lugares em vendas da lista do jornal "New York Times", passados 30 anos. Eu mesmo que antes havia tentado ler vários dos romances de Coelho, desistia pelo meio do caminho. Porém, quando li "O Alquimista" passei a reconhecer sua maestria, e a recomendar o livro. Ainda me fica a dúvida se Paulo Coelho é daqueles escritores de uma obra magistral só – as outras são livros normais.

Outro caso de entrada questionável, aí justificado: "Os Maribondos de Fogo" – livrinho de poemas com 50 páginas – do ex-presidente José Sarney, que o credenciou para a ABL.

A respeito da qualidade dessa obra, o humorista Millôr Fernandes (em entrevista a Salomão Schvartzman em 7/7/2002) disse que, ao contrário daquelas que, quando você pega, não consegue mais largar, o de Sarney é "um livro que quando você larga não consegue mais pegar".

A TESSITURA DA VIDA

Olhando os lances mais agudos do jogo entre Vasco da Gama e Racing (da Argentina) pela Copa "Libertadores da América", vimos que as duas primeiras chances de gol foram do time carioca. O time do Vasco foi goleado por 4 a 0 pelo time argentino
 Se o Vasco tivesse feito os gols, o resultado final seria outro? Jamais saberemos.
 Com os eventos do jogo em mente e os trazendo para outra perspectiva, podemos dizer: a vida é assim. O fato de tomarmos uma decisão em dado momento ou fazermos algo leva a que jamais possamos saber o que adviria se tivéssemos feito outra escolha. Se fizermos algo, jamais saberemos o que ocorreria se não tivéssemos feito nada.
 Sendo rigoroso, cada decisão de momento é definitiva, e suas consequências são irremovíveis e irrecorríveis. Ao tomar uma simples decisão deixamos de lado uma penca de possibilidades outras, que não podemos jamais saber em que resultariam, e para aonde nos levariam. É como a vida é tecida.

NO BALANÇO DO ÔNIBUS

É dura a vida de estudante, e é com dureza que ele a enfrenta (já vão saber por que é posto assim). Ainda mais se ele mora em Castanhal, e faz curso noturno na UFPA em Belém. Menos mal que havia companhia para ida e volta: a namorada à época estudava também no mesmo lugar, só que em outro curso.
 Na volta, talvez penúltimo ônibus do dia a sair de Belém para Castanhal, com poucos assentos ocupados, escurinho de boate,

eles preferiam o último banco para sentar. Ele me disse que talvez sua filha tenha sido gerada nos sacolejos desse ônibus noturno.

JALECO NO UMBIGO

Segundo a lenda grega, pouco depois de nascer, Aquiles tornara-se invulnerável ao ser mergulhado na água do Rio Estige, seguro pelo calcanhar. Só que aí estava seu ponto fraco: o calcanhar não tinha sido molhado e, por isso, ficou vulnerável.

Já o meu ponto fraco é a garganta, devido aos muitos anos de trabalho com a voz. Reconhecendo essa fragilidade, passei a evitar exageros com água muito gelada; nas aulas, procurando falar mais baixo, ingerindo um gole de água de tempo em tempo para não irritar a garganta.

Certa ocasião, garganta inflamada, com dificuldade para ingerir alimentos e para falar, eu procurei o plano de saúde particular para consulta com otorrinolaringologista. Disseram-me que não seria possível consulta naquela semana, só no fim da seguinte. Indicaram-me uma clínica contratada pelo hospital para atender, emergencialmente, nesses casos. Marquei a consulta e no mesmo dia fui à clínica citada tentar resolver logo meu problema.

Sou atendido por médico de meia-idade; parecia experiente. Quando se levantou para me cumprimentar, notei que a medida de seu jaleco branco era pelo menos dois números inferiores ao que seria apropriado para a sua altura. O que tornava menos ridículo o conjunto era que ele vestia uma camiseta por baixo. Pensei: não vou julgar a competência médica pelo tamanho da bata – que o fazia parecer-se mais com um açougueiro de subúrbio.

Ele me examina, e mais que de repente acusa a necessidade de pequena cirurgia – que eu não me preocupasse, poderia ser feita no dia seguinte na própria clínica dele, desde que eu trouxesse autorização do plano de saúde. Receitou algo, que providenciei depois de sair da clínica. Para ratificar a má impressão, o medicamento receitado se mostrou inócuo. No dia seguinte, eu me encontrava na mesma condição – quase sem conseguir falar.

Como não dei crédito às palavras desse médico, retornei ao hospital, exigindo ser atendido por profissional de seu estafe naquele mesmo dia. O certo é que pela irritação que não escondi e pela contundência das minhas palavras exigindo atendimento imediato encontraram uma vaga entre as consultas marcadas. Meu argumento para ser agendado: há seis anos eu pagava o plano sem utilizá-lo uma vez sequer; quando preciso, como podiam achar razoável marcar a consulta para duas semanas depois?

Para não influenciar o médico com o diagnóstico do dia anterior, não relatei o que tinha acontecido na clínica (a indicação de urgência de uma pequena cirurgia na garganta). O otorrinolaringologista me examina, e depois diz o seguinte:

– Vou fazer a receita; compre o medicamento, e tome ainda hoje. Amanhã, já estará apto para voltar às suas aulas.

Apesar da minha incredulidade inicial, aconteceu exatamente como ele previra.

Pensei então comigo após o episódio: e se eu tivesse aceitado a recomendação do açougueiro, e feito a tal pequena cirurgia com ele?

DIRETO DE GURUPÁ

Tenho como prática nas minhas viagens levar pouca bagagem. O que significa que levo a roupa estritamente necessária para os dias de permanência fora. Com frequência ocorre de precisar de alguma muda, e não ter. Então, em vez de lavar, vou a uma loja e compro.

Assim, se deu na longínqua Gurupá, no Marajó (distante 349 Km em linha reta de Belém; dista 174 Km de Macapá; por estrada saindo de Belém são 963 Km). Um dia inteiro de viagem de barco. As primeiras horas são agradáveis pela novidade, com vistas aprazíveis; depois a repetição da paisagem torna tudo monótono. Menos mal que eu viajava em camarote refrigerado, podendo dormir bastante.

Já em Gurupá, programação intensa de atividades, andando de um lado para o outro em canícula, minhas roupas se foram todas. Saí à rua para comprar duas camisetas.

Acreditam que dezessete anos depois ainda tenho uma das camisetas, e é a minha preferida? A malha especial não ensopa com o suor. Própria para alguém como eu que sua muito, no menor esforço.

Pesquisando a respeito de camisetas com malha com esta característica, encontrei a marca de roupa esportiva Rhone de Nova York, não encontrável no Brasil e nem na Europa. Não adoto a compra de roupa pela internet, por isso ainda não experimentei o produto.

Enquanto espero uma oportunidade de ir de graça à "grande-maçã" para me abastecer, pensei em voltar à Gurupá com este fim. Mas aí há outro princípio simplificador que adoto: revisita só se for por imposição profissional – com tudo pago e com pró-labore para receber. Há muito por ver ainda com dinheiro próprio, certo?

INDUÇÃO E AUTOINDUÇÃO

Certa feita, uma amiga me fez uma pergunta que não tomei como casual. Eu lhe respondi de pronto, mas me ficou marcado o questionamento. Por quê? Não sei explicar. Muitos anos depois, eu lhe lembrei da pergunta que me tinha feito. Ela disse que não se lembrava.

Extraindo uma conclusão do episódio: ao falar algo para alguém, casualmente ou não, podemos induzi-la a dado comportamento ou não. Ela pode refletir momentaneamente a respeito do que foi dito, e descartá-lo sem registro. Mas também pode assimilá-lo, mesmo sem fazer nada como seguimento imediato, e, no futuro, lançar mão da sua lembrança.

Exatamente a mesma coisa pode ocorrer conosco com o que nos dizem. Podemos ignorar por completo, sem registro. Ou podemos dar seguimento, imediato ou futuro. Ou seja, o que nos foi dito pode induzir-nos ou não uma ação como resultado ou consequência.

Em que situações somos capazes de induzir alguma ação em alguém? Em que situações ficamos mais suscetíveis a ser induzidos pelo que nos dizem?

Resposta para as duas perguntas: não sei.

SEMPRE APRENDENDO

Não há mais que duas formas de aprender: com nossa própria experiência ou com o que outros nos relatem de alguma forma.

Um amigo me contou que precisava ir a Mosqueiro toda semana. Seus pais, já velhinhos, moravam lá. Ida e volta, ele fazia em alta velocidade. Uma ocasião, voltando a Belém, por um triz, ele não se envolve em acidente grave, com risco para si e para quem mais ia com ele e para terceiros.

Aí ele fez a reflexão iluminadora: o que eu ganho com esta velocidade? Vinte minutos, meia hora? Vale o risco envolvido? Ele deduziu que não valia.

Sempre aprendendo, por concordar com ela, eu trouxe para a minha vida sua conclusão.

DO SAPATO AO CHAPÉU

Estive muitas vezes no arquipélago do Marajó. Desta vez, a visita foi em município bem pobre, desprovido de equipamentos básicos. Sem nenhuma oferta de curso superior, por exemplo.

Fiquei penalizado ao saber que alguns estudantes, depois de cursar o terceiro ano do ensino médio, voltavam ao primeiro ano como forma de continuar estudando.

A atividade que fui desenvolver era na secretaria municipal de educação. Reunidos os servidores e os estagiários em uma sala para uma conversa inicial a respeito do trabalho que iria desenvolver, passo uma lista para registrar os presentes.

Ao ler os nomes para associar com as pessoas, observei que o sobrenome do secretário aparecia em todos os nomes listados, senão como primeiro, como segundo. Eu me contive, mas pensei: essa repartição municipal era um caso de nepotismo do sapato ao chapéu. Como a população aceitava que fosse assim?

Lembrei-me logo de Capistrano de Abreu (historiador, 1853-1927), que propôs que a Constituição Brasileira tivesse artigo único: "Todo brasileiro fica obrigado a ter vergonha na cara". E que fossem revogadas todas as disposições em contrário.

NA POLÍCIA

Precisei registrar uma queixa contra uma pessoa por ameaça de morte há cerca de 20 anos. Foi minha primeira entrada em uma delegacia de polícia.

Por brincadeira de crianças, o filho dessa pessoa tinha levado a pior (machucou-se); um dos meus filhos provocou o incidente. Incontinenti, o pai vai à minha casa me ameaçar de morte se algo mais acontecesse com o filho dele. Não vi outra opção: apesar de ser um colega com quem me relacionava desde o tempo de graduação na universidade – não disse amigo porque seria inapropriado – eu o denunciei na delegacia de polícia do bairro. Reuni testemunhas que estavam em casa no dia, e fiz o registro da ameaça de morte.

Não sei se não esperava minha reação, mas o certo é que não demorou muito ele se mudou do prédio. Depois que o processo chegou ao Tribunal, pedi ao meu advogado que o retirasse.

Precisei voltar à polícia nestes dias. Agora, para reconhecer minha assinatura em atestado de conclusão de curso falso que alguém apresentou em uma instituição de ensino em que lecionava para merecer a gratificação de mestre. O curioso é que ele inventou um mestrado em engenharia de computação no Instituto Tecnológico da UFPA, e me colocou como coordenador lá. Ora, nunca coordenei mestrado nenhum. Nunca atuei em outro Instituto que não o de Exatas e Naturais. Mas vi que a assinatura era minha mesmo – ele deve ter recortado de algum atestado que eu tenha realmente emitido.

Se ele foi meu aluno, mais um para quem, não tratar só de engenharia de software ou de outro assunto específico da ementa da disciplina ministrada nas aulas, mas de valores – três dos quais: o crime não compensa; é melhor seguir a lei; esperteza não é levar vantagem a qualquer preço, é ser honesto sempre – não foi suficiente para impedir que optasse pela senda do crime. Preciso dizer que soube do caso de um aluno que cheguei a considerar brilhante. Depois, desgraçadamente, vi que preferiu fazer um atalho para a independência financeira pela via do crime. Como se fosse uma sina.

PARA EMAGRECER

Sem preocupação com medicamentos receitados, mas acompanhando com atenção tratamentos para emagrecimento que têm ocorrido à minha volta, observei que três recomendações principais dadas pelos nutricionistas aos pacientes, de certa forma, têm sua base na psicologia: 1) comer devagar, mastigando bem os alimentos; 2) fazer a refeição em prato menor que o habitual para diminuir as porções (talvez utilizar o de sobremesa); 3) encerrar a refeição ainda com vontade de comer.

A primeira recomendação (comer devagar) é para dar tempo que o cérebro seja notificado da saciedade. Quem come com pressa acaba não permitindo que seu cérebro receba a informação de satisfação do apetite sem que tenha ingerido alimento em excesso. Esta demora na informação de saciedade ao cérebro é ainda decorrente de caracteres da evolução do homem, segundo Yuval Noah Harari, historiador israelense (1976-), em seu "Sapiens: uma Breve História da Humanidade" (Porto Alegre: L&PM, 2016). Os primeiros homens, quando abatiam uma caça, comiam o máximo possível como forma de provisão para o futuro imediato, pois não sabiam quando teriam esta chance novamente. Portanto, a saciedade não poderia ocorrer logo. Ainda temos resquícios disso, segundo Harari.

Incluo aqui uma observação pessoal a respeito desta primeira recomendação: pessoas gordas, obesas, salvo escassa exceção, comem com volúpia aliada à pressa. Talvez por aí se expliquem muitos casos de obesidade.

A segunda recomendação (prato menor), aliada com a primeira (comer devagar), leva à ingestão de menos alimento. A terceira, aliada com as duas anteriores, é mais fácil de ser obedecida – encerrar a refeição ainda com vontade de comer. Há quem diga exageradamente que certas pessoas só param mesmo quando conseguem "topar a comida com o dedo": o que significa que a saciedade ocorre quando o dedo na garganta alcança a comida.

E a orientação de comer de três em três horas que prevaleceu por um tempo? Isto não se sustenta mais, é melhor fazer jejum intermitente. Fazer a primeira refeição (desjejum) bem rica em variedade; almoço, idem; e, na noitinha, uma refeição leve. Daí para a próxima refeição (o desjejum do dia seguinte, por volta de 8 horas) já são quase 14 horas de desjejum. Este tempo sem alimentação funciona como o jejum intermitente que tem sido recomendado.

Para finalizar, lembro novamente a receita, já citada em outro livro, da vovó Lula (falecida), que a recomendava como sendo da avó dela (aí já são quase um século e meio de sabedoria acumulada): coma tudo, mas tudo com moderação.

COMER COMO UM ABADE

Na adolescência eu participava de grupo de jovens na Igreja Católica. Isto me permitiu convivência com padres. Um deles, o padre Geraldo Silva (falecido), pároco da Igreja de São Miguel, na Cremação, mais de 40 anos atrás.

Uma ocasião, um grupo de jovens que atuava nas missas passou alguns dias em Mosqueiro na companhia do padre. Depois de lauto almoço, em que carnes e peixes tinham sido consumidos em grande quantidade, um colega, saciado, disse:
— Puxa! Comi que nem um abade!
Brincalhão como ele só, o padre contestou:
— Você não comeu como abade. Esta expressão tem sua origem relacionada a boas maneiras à mesa. Não foi o que se viu aqui. A menos que se queira tomar a forma deturpada da expressão, que significa "comer muito". É mais correto dizer que você comeu como um cavalo, mesmo!

PADRE GERALDO SILVA

Tive muita influência do padre (já falecido), pároco da Igreja de São Miguel, e também professor de inglês em alguns colégios públicos do estado. Culto, sabia de tudo, respondia qualquer pergunta com detalhes. Curioso que ele era gago, mas excelente cantor. Voz de locutor, não gaguejava quando lia as bulas da missa nem quando cantava. Só se percebia a gaguez quando irritado ou nervoso. Fazia parte inclusive do Coral Ettore Bosio.

Certa feita, em dois carros, fomos visitar sua terra natal, a cidade de São José de Ribamar, no Maranhão. Filho mais ilustre da cidade, o ex-presidente Sarney. Visitando esse estado, vê-se que Sarney pouco fez para tirá-lo do atraso. Ainda é um dos estados com piores índices de desenvolvimento. Não é outra a razão por que tantos maranhenses buscam outras terras.

Nesta viagem, me envolvi em um incidente que, quase, tinha proporções trágicas. O padre ia à frente, indicando o caminho, com dois passageiros a acompanhá-lo. Eu o seguia em meu carro, com três passageiros.

Perto poucos quilômetros de São José de Ribamar, encontramos obra na estrada: alguns operários recuperavam uma ponte de madeira, exatamente em um trecho de descida da estrada. Vendo a movimentação à frente, piso no freio para reduzir a velocidade. O pé chega ao assoalho do carro sem parar o veículo. O cabo do freio havia quebrado. Desespero total!

Minha preocupação era com os operários que trabalhavam na ponte; claro, eles não sabiam que havia problema com o freio do carro para buscar proteção. Opções que eu tinha para escolher naquela fração de tempo: jogar o carro no rio, tentar passar de qualquer jeito, esperando que eles abrissem caminho ou acionar o freio de mão. Na pressão do momento, não lembrei esta última opção, que seria a mais indicada. Arrisquei passar de qualquer jeito. A sorte foi que eles, surpresos, se jogaram para os lados. O veículo parou sozinho, uns dez metros adiante da ponte; já agora era um trecho de subida. Saí do carro, e fui falar com o padre, que havia parado antes da ponte. Depois fui desculpar-me com os operários, informando que tinha perdido o freio na descida para a ponte, por isso não tinha parado.

Daí em diante, seguimos viagem bem devagar até encontrar quem recuperasse o freio do carro.

EXPOSIÇÃO RÁPIDA

Esta prática didática consiste em propor que estudantes selecionados previamente tragam alguma contribuição importante à sua escolha para exposição em sala na próxima aula, em não mais que cinco minutos. Há rodízio na apresentação desta contribuição, de modo a permitir que todos participem. Caso o estudante opte por relatar contribuição a partir de um artigo, ele faz um resumo da parte relevante.

Cada estudante designado destaca a relevância do tópico que trouxe para a aula, e responde perguntas que sejam feitas pelo professor ou pelos outros estudantes. A cada aula, dois estudantes são encarregados de trazer contribuições (livres) relacionadas a assuntos constantes da ementa da disciplina.

A estratégia objetiva fazer com que os estudantes exercitem a habilidade de pesquisar um assunto de interesse, e preparem uma exposição breve a respeito dele. A orientação é para que não façam leitura de textos; em vez disso, concentrem-se em apresentar um resumo a respeito do texto ou do artigo escolhido.

Esta abordagem possibilita que tópicos, que possivelmente até não constem da ementa da disciplina, mas que se relacionem com assuntos nela contidos, sejam trazidos para a sala de aula. Outro fator interessante é que, como a escolha do tópico a ser abordado é feita pelo aluno, o script da aula sai do controle do professor. Inclusive porque pode ser abordado assunto que não seja de seu conhecimento.

Para propor esta técnica, inspirei-me nas chamadas "conferências TED", palestras de não mais que 16 min de duração, realizadas na Europa, Ásia e Américas, promovidas pela Fundação Sapling (EUA), sem fins lucrativos, para disseminação de ideias – seguindo o lema "Ideas Worth Spreading" (Ideias que merecem ser disseminadas). Essas palestras são chamadas Conferências TED (TED é acrônimo de Technology, Entertainment, Design – Tecnologia, Entretenimento, Design), e são ministradas por personalidades com atuação nas três grandes áreas, para difusão de suas ideias entre pessoas que não atuam em seu campo. A característica da palestra é a brevidade; para isso, é preparada cuidadosamente para comunicar a mensagem em 16 min. Há vídeos disponíveis na internet com as conferências realizadas ao redor do mundo (Anderson, 2016).

ENQUETE IDIOTA

A propósito da morte de um assaltante em Suzano (SP) provocada pela pronta reação de cabo da Polícia Militar. Em atuação fulminante da policial, o ladrão foi morto. A Globo News fez a seguinte enquete:
– Policiais de folga devem reagir a assaltos?

As redes sociais, como costuma acontecer, não perdoaram a pergunta imbecil apresentada pela jornalista Leilane Neubarth (é provável que ela não tenha escrito a pergunta, apenas a apresentou; mas, cá para nós, ela deveria tê-la rejeitado). Devolveram com uma lista de enquetes (selecionei quatro para esta nota) que poderiam ser feitas, seguindo a linha da do programa da Globo News:
– Médicos de folga devem salvar vidas?
– Humoristas de folga devem contar piadas?
– Prostitutas de folga devem fazer sexo?
– Ladrões de folga devem roubar?

Será que o inteligente formulador da enquete acha que o assaltante, se descobrisse que havia uma policial entre as vítimas do assalto e, ainda mais, que ela estava armada, a deixaria com vida?

Nem todo dia você está na sua plena capacidade criativa e de elaboração, mas estupidez tem limite, certo?

NO DIA SEGUINTE

Escrita a nota, baseado só no que li nas redes sociais, vejo que cometi um erro ao dizer que ela apresentara a pergunta. Os jornais reproduziram sua manifestação: um editor de sua equipe pôs a tarja com a pergunta estúpida, sem que ela soubesse disso. Na sua resposta, ela critica os que desancaram a estupidez, dizendo que as pessoas querem apenas odiar.

Eu a tinha defendido, pondo em dúvida que ela tivesse escrito a pergunta, mas julgo que foi mal na resposta. Parodiando Nelson Rodrigues que dizia que "toda unanimidade é burra", eu afirmo que "toda generalização é burra". Certamente houve quem julgasse a pergunta uma asnice sem ser necessariamente uma pessoa odienta.

No último parágrafo da nota anterior, eu disse que "estupidez tem limite" querendo dizer que até aceitamos a estupidez, mas há limite. Uma frase correlata de Nelson Rodrigues que não chega a me contradizer: "Invejo a burrice, porque é eterna".

"DETALHE IMPORTANTE"

Apesar de muito usada, esta expressão é inapropriada. Trata-se de um contrassenso. É o caso em que o substantivo não combina com o adjetivo, e vice-versa. Se for um detalhe não pode ser importante; se é importante, não pode ser um detalhe.

Ao invés de empregar "detalhe importante" talvez seja o caso de apontar detalhe que não pode ser descurado, algo que não pode ser ignorado. Mas tem sua irrelevância declarada, já que é detalhe. A impropriedade é adjetivá-lo de importante.

VOCABULÁRIO RESTRITO

Apresentador de programa de culinária na tevê, quando algo da receita que está preparando tem boa aparência, bom cheiro ou bom sabor, ele repete:
– Show de bola!

Em sua participação no programa dá quase a repetição do clichê preferido a cada três minutos. Duplamente engraçado: pelo lugar comum em si, e por estar tratando de culinária e ficar repetindo um clichê do futebol.

Nenhum diretor, nenhum cinegrafista para adverti-lo de quão risível é sua estreiteza vocabular!

PEQUENAS COMPLICAÇÕES

Ao tentar dar o nó na gravata depois de tanto tempo sem utilizá-la, e não conseguir, Maca, meu saudoso amigo, programador da UFPA, diria:
– Essas coisas simples me complicam.

Lembrando a grande figura que um câncer nos tirou cedo, nos primeiros anos de sua vida profissional já como professor no Curso de Engenharia Eletrônica da UFPA, numa época em que, descobrir-se com a doença era sinal de morte, certa e rápida, a ponto de Otto

Lara Resende (escritor mineiro, 1922-1992), grande fraseador, ter dito a respeito do sentimento de solidariedade do povo mineiro:
– Mineiro só é solidário no câncer.

Hoje felizmente não é mais assim: muitos cânceres são curáveis, para outros há tratamento que garante considerável sobrevida e, em geral, quanto mais cedo são descobertos, mais chances de cura há.

A PROPÓSITO

– Solidariedade: nem no câncer.
Parodiando a frase de Resende, será que podemos dizer isto como uma síntese do povo paraense?

SÓ UMA ESTRELA ISOLADA

Na bandeira brasileira, cada estrela representa uma unidade da federação e o Distrito Federal (Brasília). A posição respectiva de cada unidade na bandeira revela o céu como visto no Rio de Janeiro no dia da Proclamação da República, em 15 de novembro de 1889.

Há só uma estrela sobre a faixa que contém o lema "Ordem e Progresso": a que representa o estado do Pará.

Por enquanto, esta posição de realce representada na bandeira pelo Pará não tem sido lembrada pelo governo do Estado e nem pelos paraenses como símbolo que poderia ser utilizado como fator motivador para mobilizar seu desenvolvimento. Serve tão só para indicar de onde descem as riquezas que alimentam a federação (riquezas naturais – minérios e energia elétrica, para ficar em dois exemplos).

Caso recente desta exploração: o anúncio da instalação de fábrica chinesa no Maranhão para beneficiar o ferro extraído da Serra de Carajás. É mais um caso em que ficaremos apenas com o vazio da riqueza que nos é levada e com os malefícios ambientais decorrentes da extração do minério.

PEDAGOGIA DA PALMATÓRIA

Quando estudei as primeiras letras, valia esta pedagogia. A escola particular era da professora Alcinda, idosa, gorda, passos curtos. Na época, os gordos eram raros. Seu marido – também gordo – era aposentado, e acompanhava as aulas do seu escritório, ao lado. Na minha infância, só lembro este casal nesta categoria.

Como ferramenta de trabalho, ela dispunha de três palmatórias, cada uma para tipo específico de falta cometida pelo aluno – leve, média, alta. Como ela conhecia seus instrumentos de trabalho e para não os quebrar, ela modulava a força, dependendo da palmatória empregada. A espessura da madeira escura (talvez fosse acapu pela cor e peso) da palmatória para falta grave (era a que mais temíamos) tinha algo como 5 cm, e era aplicada na palma da mão aberta; a utilizada em falta leve era mais uma régua do que palmatória, e era aplicada nos bíceps do aluno. Falta grave era brigar, bagunçar, não fazer a tarefa na escola, não trazer o trabalho de casa pronto. Não cheguei a ver a palmatória de falta grave ser utilizada.

Não creio que, ao fazer a matrícula na escolinha, minha mãe tivesse autorizado formalmente aplicação de tais corretivos pela professora nos seus filhos. Mas as três palmatórias estavam lá, enfileiras na parede, presas por um barbante pelo cabo, para mostrar que constituíam instrumentos de trabalho pedagógico. Parecia que ficava implícito seu uso, quando a professora julgasse necessário.

Nos dias de tabuada – era utilizada a palmatória média –, a professora raramente chegava a bater em alguém. Certo dia, a frequência foi pequena, e todos erraram sua pergunta. Então, ela bateu em todos os presentes. Com mais alunos na sala, sempre algum estudante acertava, e este batia nos demais. Portanto, aluno batia em aluno. Havia casos (raros) de choro ao apanhar; normalmente suportávamos sem choro os golpes na mão aberta. Vi só um caso de alguém molhar a roupa ao apanhar pela primeira vez. Quem acertasse o resultado de uma operação batia naqueles que tivessem errado.

Como eu era bom em tabuada, nesses dias eu mais batia que apanhava.

Quando entrei no Grupo Escolar "José Veríssimo" (escola pública, localizada perto da Praça Batista Campos, em Belém) para o ensino primário (correspondente hoje aos cinco primeiros anos do ensino fundamental), fiquei livre desta prática pedagógica.

Os valores (éticos) mudam com o tempo. Eu nunca soube de reprovação ao método adotado pela professora Alcinda. Os tempos eram outros. Ela era famosa na rua por ser rigorosa. A vizinhança lhe atribuía o lema: "se não aprendesse, apanhava".

TRABALHO CONFINADO

Dizem que o ex-presidente Lula vem sentindo muito os dias de prisão. Nada mais natural, pois a liberdade – e já peço desculpas pelo acacianismo – é um bem fundamental.

Como locutor de rádio no início de minha carreira profissional, ao ser escalado para a noite de sábado ou de domingo, por exemplo, e ficar confinado no estúdio sem ninguém além do controlador de áudio em outro cubículo, separado por vidraça (hoje o locutor faz o trabalho sozinho) na emissora, a sensação que eu tinha era de estar em uma prisão. Talvez este sentimento decorresse mais da minha idade – 18 anos. E olhe que a jornada diária de trabalho era somente de quatro horas! Depois de quatro horas no estúdio, eu era solto com a chegada do colega que me substituía.

Saí depois de um mês de trabalho, como contado em nota em livro anterior desta sequência, porque tinha outros planos em vista. Mas eu tinha percebido que não poderia ficar muito tempo naquele trabalho.

Liberdade – valor fundamental!

POR QUE É IMPORTANTE

É o que sempre procuro fazer no início de cada disciplina que ministro: a primeira aula é para apresentar o plano de trabalho, e dizer por que a disciplina é importante, e qual é a relevância em relação a outras do mesmo período. É uma aula (normalmente duas horas-aula) para esmiuçar este assunto.

Se a disciplina consta da grade curricular, há razões específicas para isto. É o que repasso nessa aula.

Aí vejo um estudante em rede social dizer que não entendia a razão de ser de certas disciplinas que teve que estudar. Ele citou uma das que lhe ministrei: Educação Ambiental.

No caso específico, eu comentei em sala que a Política Nacional de Educação Ambiental (PNEA) foi proposta pela lei 9.795 de 27/4/1999. O artigo 2º desta lei determina o seguinte: a educação ambiental é componente permanente da educação nacional, como tema transversal (isto significa que passa por todos os níveis e por todas as modalidades de ensino), em caráter formal e não formal. É para atender esta imposição legal que os estudantes dos cursos superiores têm a disciplina. Não se trata de decisão local da Faculdade de Computação do ICEN/UFPA, portanto, a inclusão da disciplina no currículo dos cursos que mantém. Além disso, expliquei que a questão ambiental é universal, e afeta a vida de cada cidadão em particular, pois ele tem muito com que preocupar-se. Por exemplo: a destinação de seu lixo, o esgoto de sua casa, a água e a energia que consome e que eventualmente desperdiça, o seu nível de consumo e o que pode daí ser reciclado. Da mesma forma, estas questões podem ser aplicadas a outros agrupamentos de que ele participa: bairro ou comunidade, empresa, cidade, etc.

Cheguei a lembrar-lhes a máxima do pensamento ecologista: "pensar globalmente, agir localmente". Se fizermos o que prega a máxima, estaremos atentos às questões globais que afetam o planeta e também, cada um, no seu micromundo, atuará para proteger, para preservar, para recuperar, para conservar o meio ambiente.

Enfatizei que devemos abandonar a visão antropocêntrica (nossa espécie como dona absoluta do universo): não podemos ignorar a fauna, a flora, os santuários da natureza.

Como profissionais de nível superior, eles se envolverão com implantação de projetos, com construções, com gestão de empresas; estes trabalhos exigirão percepção das questões ambientais citadas, de alguma forma.

Último argumento que reforça a importância da disciplina "educação ambiental": onde a pessoa estiver em dado momento, olhe em torno (uma vista de 360 graus): veja quantas intervenções são necessárias para que o entorno fique em conformidade com as exigências ambientais: lixo, esgoto, consumo de água e energia, desperdícios, degradação ambiental por intervenção indevida, eliminação de combustíveis fósseis, dentre outras questões.

Pensei cá com a etiqueta da camisa (pois as que tenho usado ultimamente não têm botões): mais uma vez, eu me esforcei em tornar claro algo sem conseguir.

É a sina dos professores: esquadrinhar um assunto, olhando-o por todos os ângulos possíveis, antecipando questionamentos concebíveis, mesmo os mais inesperados. E isto com preocupação constante com clareza, compreensibilidade, acessibilidade. E aí, constatamos, depois: não foi suficiente! Era preciso ter ido mais fundo! Aí, não há o que fazer, fica para a próxima vez!

DRAMATURGOS E ATORES

Conversando com alunos do Curso de Bacharelado em Sistemas de Informação (turma única) que funcionou em município paraense a respeito do que para eles tinha sido marcante até aquele ponto da trajetória acadêmica, eles responderam que tinha sido uma tarefa passada pelo professor de uma das disciplinas de Administração.

O docente os havia incumbido de preparar esquetes teatrais acerca de assuntos da disciplina, e encená-los devidamente no palco do núcleo municipal.

Segundo os alunos, o professor tinha adotado uma abordagem longe do convencional, propondo-lhes duas coisas com as quais não tinham trabalhado: redação teatral e encenação. Para eles, resultou em uma atividade que, não só possibilitou o aprendizado do conteúdo, como os mobilizou para a produção da encenação, e realizou uma aproximação com outras áreas de conhecimento com as quais não estavam familiarizados.

Este é um exemplo ilustrativo do quanto se pode fazer quando a intenção é ir além da convenção.

O CLIENTE É O ALUNO

Muitos professores não se dão conta disto: os clientes do seu serviço são os alunos. Aliás, para que professor se não há aluno?

Alguns professores tratam os alunos como se não houvesse esta dependência. Como se sua profissão não existisse em decorrência de o aluno precisar aprender. E se não aprende, o culpado não é só o estudante. Havendo honestidade profissional, caberia investigar as razões por que não houve aprendizagem, e atuar para superá-las.

Lembro o caso de uma escola pública de ensino médio em que os professores foram mobilizados para conseguir alunos e, assim, poderem garantir seu trabalho. Por que os alunos se foram? Ora, a escola era tão ruim – má gestão diretiva e pedagógica, professores descomprometidos – que os pais dos estudantes prefeririam pagar, com dificuldade, uma particular do que deixar seus filhos onde não aprendiam o devido.

DÁ LOGO A COMISSÃO DELES!

Ministro da Fazenda (1974-1979) no Governo Geisel e ocupante de outros cargos importantes no regime militar, Mário Henrique Simonsen (1935-1979, engenheiro, economista, banqueiro) era inteligentíssimo, e tanto quanto sarcástico. Quando um ministro sugeria alguma grande obra, considerada por Simonsen inútil, e de alto custo, ele comentava genericamente que, para tal projeto, era melhor pagar logo ao proponente o percentual padrão de corrupção (20%) embutido nos custos para aquietá-lo e, assim, com a não execução, o país economizaria os 80% devidos à inutilidade.

Em outra ocasião, para rebater projeto proposto por César Cals, ministro das Minas e Energia, para construção de biodigestores nos estados nordestinos que produziriam energia (biogás) e fertilizantes a partir de esgoto humano e animal, Simonsen sugeriu então com ironia cáustica que se instituísse o Pro-merda, programa para fomentar as obras. Dias depois, o proponente pediu a devolução do projeto para arquivamento.

QUE HORROR! QUE HORROR!

Não tendo o que mais dizer de bobagem e pouco afeita à cognição, ela contava para a professora visitante o que fazia com os transeuntes lá do alto do prédio em que morava, julgando que agradasse com suas histórias. Por exemplo, ela contou o seguinte: era comecinho da noite, casal de namorados se escora na árvore defronte do edifício para beijos e abraços furtivos. Ela aproveita, e atira água com um balde, e fecha rapidamente a janela para não ser descoberta.

Reação da professora, sem compreender que haja quem não preze a ética e a empatia, e que procure prejudicar outrem, e se divirta com isso, e nem se dê conta do mal que faz:
– Que horror! Que horror!

HABILIDADES DO ADMINISTRADOR

Robert L. Katz *apud* Chiavenato (1999) afirma que o sucesso do administrador depende mais do seu desempenho (do que ele faz) do que de traços particulares de personalidade (do que ele é). Uma habilidade aqui é a capacidade que o administrador tem de transformar conhecimento em ação, e que resulte em desempenho desejado. Katz cita três tipos de habilidades importantes para o desempenho administrativo bem-sucedido: técnicas, humanas e conceituais.

As *habilidades técnicas* referem-se ao uso de conhecimento especializado e à facilidade na execução de técnicas e procedimentos aplicados no trabalho. Exemplo: habilidade de programar computadores, habilidade com uso de planilhas, habilidade com alguma tecnologia em particular (Chiavenato, 1999).

As *habilidades humanas* envolvem a interação com pessoas; facilidade de relacionamento interpessoal e grupal. Relacionam-se à capacidade de comunicação, de motivação, de coordenação, de liderança e de resolução de conflitos individuais ou coletivos. O fortalecimento da cooperação em grupo, o incentivo à participação sem receios e o engajamento das pessoas constituem habilidades humanas (Chiavenato, 1999).

As *habilidades conceituais* dizem respeito à visão da organização como um todo, à facilidade de trabalhar com ideias, conceitos, teorias e abstrações. As habilidades conceituais exigem a compreensão das várias funções da organização, e de como elas se inter-relacionam, como ela interage com seu ambiente e como as mudanças em uma parte da organização afetam as outras. Estas habilidades envolvem o pensamento, o raciocínio, o diagnóstico de situações e a proposição de alternativas de solução de problemas. São, portanto, as capacidades cognitivas mais importantes do administrador: permitem que ele planeje o futuro, perceba oportunidades que ninguém mais vê (Chiavenato, 1999).

ADMINISTRAÇÃO NA ANTIGUIDADE?

A teoria administrativa tem pouco mais de cem anos de história. É importante saber como a administração caminhou para chegar ao ponto em que estamos.

Se olharmos a história, encontraremos construções que exigiram conhecimento de administração para que chegassem ao fim.

A construção das pirâmides egípcias é um exemplo. Como conceber estas construções sem planejamento, sem organização?

De Masi (2003) afirma que para construir a pirâmide de Quéops (a mais famosa das pirâmides egípcias, com data de construção em 2.550 a. C.) foram utilizados pelo menos 2.300.000 blocos de calcário, o maior deles pesava 15 toneladas. Com os recursos de hoje seriam necessários 7.000 trens, com capacidade de 1.000 toneladas cada um. Estes blocos eram extraídos de cavernas da região, cortados em quadrados antes de colocá-los na obra e empilhá-los a uma altura que alcançava 147 metros.

Como os egípcios foram capazes de realizar estas construções? Quem teve a ideia? Quem planejou? Quem resolveu os problemas que iam aparecendo com a execução da obra? Quem planejou? Quem organizou? Quem controlou? Quem dirigiu tudo, sem o conhecimento de administração que temos hoje e sem os equipamentos e as tecnologias de que dispomos? O mesmo questionamento pode ser feito para uma série de grandes obras ao redor do mundo. A construção da Grande Muralha da China é outro portento inexplicável.

A RESPEITO DE ESGARES E OUTROS HORRORES

Sabe-se logo quando um jornal (ou a imprensa, de modo geral) faz oposição a algum político. Nesses casos, havendo necessidade de estampar sua foto, a escolha recai no pior instantâneo feito, na angulação mais desfavorável. O que já é feio fica mais ainda.

Em foto recente no site da *Revista Veja*, o presidente Temer aparece com esgar medonho. Não se pode dizer que ele seja uma pessoa bem apanhada. Dado a atribuir apelido para os inimigos políticos, o senador baiano Antônio Carlos Magalhães (1927-2007) dizia que Temer tinha pose de "mordomo de filme de terror". É praxe o fotógrafo fazer uma bateria de fotos. O editor do jornal seleciona dentre muitas a que vai ser publicada. Claro, no caso em questão, com gosto ele escolheu aquela em que o presidente aparecia pior.

Em situação semelhante, vi um candidato a presidente (não alinhado com o jornal) ser estampado em foto de meia página com dedo no nariz. Quem publica isto, ou tem preferência pela abjeção, ou obedece à regra de que, contra os inimigos, vale tudo.

POR QUE ESTES TEXTOS CURTOS?

Fizeram-me esta pergunta a respeito dos textos que tenho postado no Facebook: a razão de tentar contar casos com poucas palavras; por que não escrever textos mais longos. Primeiro, eu digo que é questão de fôlego: falta-me ainda para maior profundidade e abrangência. Por isso, miro um alvo, e me detenho nele. Apesar de, fica aqui a ameaça de surgir um novo romancista na praça, eu ter uma história com pitadas de ficção guardada em pasta, que dá mais que um conto; alinhavando as pontas, chega ao romance. É só eu me dispor a pegar, e ver o que sai dali.

Foi Saramago quem disse, a propósito de o Twitter ter feito sucesso na época com 140 caracteres, que ainda chegaríamos a nos comunicar com grunhidos. Justo o único Nobel de Literatura da Língua Portuguesa, e que conseguia magistralmente escrever parágrafo que tomava várias páginas, mantendo fluidez.

Mas é mais uma questão relacionada ao tempo, como tudo o que nos envolve. Os valores são outros. Há pluralidade. Reconheço a concisão como um valor em si. Talvez o fato de ter sido programador por tanto tempo me tenha levado a isto: na programação, sabemos aonde queremos chegar, e procuramos o caminho mais curto que nos leve a esse ponto.

A objetividade e outros valores mais da redação científica me fizeram buscar a concisão como valor.

Aí, uns cinco anos atrás eu escrevi o microconto intitulado "Suco de Laranja" (ver abaixo), e talvez também influenciado pelo escritor Fernando Bonassi e seus microcontos de "100 Coisas". O texto seguinte delineia os contornos de um cenário, mas sem nitidez (propositalmente é assim). Diferentemente de muitos textos, mais sugere que esclarece. Veja aí embaixo.

SUCO DE LARANJA [*]

Seis e meia de cada manhã. O espremedor de frutas com seu ruído inconfundível.

Apressada, a mulher ultima a arrumação das filhas. Em minutos, pai e filhas descem para pegar o carro para o colégio.

Nas raras vezes em que o casal sai junto, a mulher não esconde desconforto, expressão fechada. O marido, submisso.

Tempos depois, o casal separa-se. O marido sai de casa.

Na rotina matinal agora o pai vem esperar as filhas no térreo para levar ao colégio.

Às seis e meia, o barulho do espremedor de frutas...

[*] Microconto extraído de meu livro "Casos e Percepções de um Professor", publicado em 2016.

CONSCIÊNCIA DE FRACASSO

Olhando a situação geral do país, passados 518 anos desde a descoberta e nos aproximando de 200 anos desde a independência (exatos 196 anos em sete de setembro deste ano), a constatação é óbvia: não temos sabido avançar na direção do desenvolvimento – em termos de educação, economia, política, saúde, civilização, empregabilidade e nível de instrução do povo.

Altos índices de criminalidade (comparáveis aos de guerra), corrupção endêmica corroendo inclusive as várias instâncias de governo, índice de desemprego acentuado, miséria persistente em nível inaceitável, sistemas jurídico e tributário ineficazes, instituições públicas em constante instabilidade e em estado de inoperância, a partir mesmo dos tribunais superiores.

O passado (inclusive o recente) não nos aponta que a solução esteja logo à frente. Nenhum vislumbre de convergência na direção de uma sociedade mais justa. Ao contrário.

Lendo a história de alguns países, até com menos anos de independência, podemos aquilatar a medida do nosso fracasso como sociedade.

Quem sabe a consciência do malogro não nos faz mudar as práticas até aqui adotadas, e acabe por nos levar à convergência de esforços para construção de uma sociedade justa, igualitária, desenvolvida, inclusiva, sustentável?

MACACÃO DE JEANS

Uma amiga tinha uma fixação meio obsessiva para a roupa masculina, que não escondia de ninguém, e recomendava para todos: macacão de jeans.

Ela passou a namorar um colega comum, com quem depois viria até a casar. Pouco tempo depois do início do namoro lá estava o colega, com as mãos nos bolsos do seu macacão, todo pimpão. Convenhamos: ficava algo ridículo, mas, o que fazer?

MEDICAMENTOS E ALIMENTOS (I)

Lair Ribeiro, médico cardiologista e nutrólogo, diz em seus vídeos a respeito de alimentação que Hipócrates (considerado Pai da Medicina, 460-370 a.C.) recomendava reflexividade entre alimento e remédio – isto é, o alimento deveria ser remédio para os males que acometessem uma pessoa, e o remédio que ela precisasse tomar, por sua vez, deveria constituir alimento para ela. O mais próximo que encontrei desta afirmação foi o seguinte princípio formulado por Hipócrates: "Nossa natureza é o médico das nossas doenças". Observe que ele cita a natureza. Registro que as minhas fontes são escassas, limitadas.

Tenho como base para escrever esta nota o livro de Richard Gordon, intitulado "A Assustadora História da Medicina", 8ª edição, Ediouro, 1997.

Gordon (1997) cita que Hipócrates criou 412 aforismos (aforismo é uma máxima que, em poucas palavras, explicita regra ou princípio de alcance moral; ditado). Seis deles para nosso deleite (p. 11):

– "A vida é curta, a arte é longa";
– "Casos desesperados precisam de remédios desesperados";
– "Sono que põe fim ao delírio é bom, sono fora de hora e sonolência indicam doença, bem como cansaço sem motivo";
– "Os velhos ficam doentes com menor frequência que os jovens, mas levam suas doenças para o túmulo";
– "A morte súbita é mais comum no gordo do que no magro";
– "Se uma mulher saudável para de menstruar e sente enjoo, está grávida".

A respeito do último aforismo, Gordon comenta: na segunda década do terceiro milênio, todos sabemos disto, mas Hipócrates foi o primeiro a saber. Lembre que isto foi escrito por volta de 370 a.C..

MEDICAMENTOS E ALIMENTOS (II)

Os medicamentos são produtos industriais ou farmacêuticos, compostos por substâncias que tenham sido aprovadas cientificamente, resultantes de controle técnico, com o fim de prevenir, curar ou diminuir os sintomas de uma doença. Os medicamentos têm função específica. Estão sujeitos à aprovação da Agência Nacional de Vigilância Sanitária (ANVISA), ligada ao Ministério da Saúde.

Por sua vez, os remédios têm função mais ampla. São remédios quaisquer cuidados ou substâncias que se apliquem a um paciente, para curar ou aliviar os sintomas de uma enfermidade. Para ser assim rotulado não precisa ter passado por qualquer controle de qualidade, de segurança, de eficácia; pode ser um produto caseiro. Exemplos de remédios: compressas quentes ou frias, chás, até mesmo as recomendações de moderação ou de repouso que as vovós fazem são exemplos de remédios.

Em suma, todo medicamento é um remédio, mas nem todo remédio é um medicamento.

O problema dos medicamentos são os efeitos colaterais; como se tratam de substâncias que inexistem na natureza – são resultantes de processo químico ou farmacêutico – acionam os mecanismos de proteção do corpo, provocando resultados indesejáveis. Haja vista o que acontece quando a pessoa ingere antibiótico, por exemplo: o efeito colateral provocado é a devastação da biota intestinal. A função do antibiótico é eliminar bactérias prejudiciais ao organismo; não tem efeito contra vírus.

Antes de tomar um medicamento é conveniente ler a bula para cientificar-se dos efeitos colaterais, e mesmo para verificar em que medida o produto tem eficácia nos testes realizados. É frequente que esta eficácia seja muito baixa, não se justificando a submissão aos efeitos colaterais decorrentes da ingestão do produto. Isto é informado pelo risco relativo do uso do produto. Precisamos verificar o número de pacientes para quem o medicamento foi aplicado, e para quantos destes realmente houve eficácia. A eficácia muito baixa demonstra que o produto é inócuo para a maioria dos pacientes que o ingerem.

É comum o fato de um medicamento ser administrado para curar ou diminuir os sintomas de uma doença, e acarretar outra doença por conta dos efeitos colaterais que, por sua vez, quando houver a medicação vai provocar outra doença, e assim segue a indústria farmacêutica, com os perversos efeitos indesejáveis de seus produtos.

Quem diz isso é Lair Ribeiro. E olhe que ele tem credenciais para falar algo tão grave: foi vice-presidente de duas empresas da área farmacêutica nos Estados Unidos.

MEDICAMENTOS E ALIMENTOS (III)

Comentei ontem o que diz Lair Ribeiro (médico cardiologista, professor de cursos de pós-graduação em Medicina, nutrólogo) a respeito de medicamentos. Eu mencionei ontem que ele tem credenciais para falar algo tão grave: foi vice-presidente de duas empresas da indústria farmacêutica nos Estados Unidos.

Por exemplo, a respeito das estatinas (fármaco usado para baixar os níveis de colesterol no sangue) ele é taxativo – elas são veneno em forma de medicamento. Para cada 211 pacientes que tomem estatinas, somente um se beneficia. Os 210 que tomam o produto ficam somente com os efeitos colaterais, que são: dor muscular, perda de memória, fadiga.

Ribeiro recomenda que se veja o site do Dr. Duane Graveline (spacedoc.com), em que são relatados casos de malefícios das estatinas. O próprio Dr. Graveline relata sua experiência como usuário do medicamento; a gravidade dos efeitos colaterais que constatou ao ingeri-lo fez com que ele criasse o site para disseminar a informação a respeito da maleficência das estatinas; claro, isto não é de interesse dos fabricantes do produto.

Outras questões polêmicas com que se tem envolvido o Dr. Lair Ribeiro: a questão do colesterol (para ele o colesterol não é vilão, é mocinho; pelo fato de ser encontrado na "cena do crime" – nas placas de gordura das artérias – é tido como bandido); a posição das associações médicas acerca dos cuidados com os níveis de colesterol não é aceita por Ribeiro. Segundo ele, tudo o que se diz em relação ao controle de colesterol está errado. Outra questão é o uso de óleo vegetal na cozinha (em especial nas frituras) – para ele o óleo vegetal é veneno; ele diz que o óleo que se deve usar é o de coco. Outra polêmica é quanto ao uso do leite: ele diz que deve ser usado só até dois anos de idade. Como produto alimentício, o leite recebe hormônios, e é esterilizado em altas temperaturas, e com adição de partes para conservação nas gôndolas por seis meses. Neste caso ele atrai forte oposição da indústria de laticínios.

A respeito de alguns produtos: açúcar – não consumir; ovo – consumir 5 a 6 ovos distribuídos nas refeições do dia; refrigerante, cerveja – não consumir; gordura animal – consumir moderadamente (pode ser 30% do que é ingerido).

NÃO À TORTURA

Ao saber que o vereador e ex-senador Eduardo Suplicy (PT-SP) disse a Lula que fazia questão de acompanhá-lo na prisão pelo tempo que ele ficar lá, o site "O Antagonista" comentou que puxar uma cadeia pelos crimes cometidos está no Código Penal, mas que a tortura não é permitida no Brasil.

Imaginaram o que é ouvir "Blowin' In The Wind" de Bob Dylan, cantada com a voz arrastada do vereador, interminavelmente, e, depois, passar para a explicação da importância do projeto de renda mínima e, sem pausa para ouvir o silêncio, voltar para a mesma música, num loop infinito?

Não consta que o condenado tenha aceitado a companhia.

TRÊS MOMENTOS
Momento 1

Reunião da executiva nacional do PT em Belo Horizonte em 6/2/2015. No dia anterior, Vaccari, tesoureiro do PT, havia sido conduzido forçadamente para depor na Polícia Federal de São Paulo na operação Lava Jato.

Na mesa dos trabalhos, vê-se na mão do ex-presidente Lula artigo intitulado "Considerações sobre a Operação Mani Pulite (mãos limpas)", do juiz Sergio Fernando Moro. O fato sugeria que o teor do artigo tinha sido um dos assuntos tratados na reunião. Causava apreensão os possíveis desdobramentos tanto do que tinha ocorrido em São Paulo como o que a leitura insinuava.

Momento 2

O ex-presidente Lula diante do juiz Sergio Moro, em Curitiba, depõe no processo do tríplex em 10/5/2017. Em depoimento anterior a juiz do Distrito Federal realizado em 14/3/2017, em outro processo (obstrução de justiça da Lava Jato), o ex-presidente tinha tido bom desempenho; os próprios procuradores demonstravam insegurança na apresentação de suas perguntas. A expectativa do ex-presidente era de desempenho semelhante diante de Moro.

Porém, percebeu-se que Moro é juiz bem mais experiente que o do Distrito Federal. O que se viu em Curitiba foi o ex-presidente nervoso, acuado com as perguntas que lhe foram feitas, chegando a não responder a todas elas. Não terminou o depoimento da forma como esperava, chegando a vislumbrar possível condenação.

Momento 3

Comentando a celeridade com que executou a sentença, em pouco mais de vinte minutos desde a hora do recebimento do ofício do TRF-4 ordenando a prisão no dia 5/4/2018, Moro disse no dia seguinte que não tinha escolha: só lhe cabia cumprir a ordem. Já no mandado de prisão ele dizia que só restava ainda mera "patologia protelatória" que "deveria ser eliminada do mundo jurídico". Ele falava de hipotéticos embargos de declaração dos embargos de declaração inicialmente feitos.

ANDRAGOGIA

Enquanto a Pedagogia é a ciência que cuida da condução ou da educação de crianças, a Andragogia é voltada para a educação de adultos. Há um diferencial importante aqui – a experiência do adulto – que é a base para sua aprendizagem, da mesma forma que seu tempo de inserção na sociedade. É mais fácil motivar um adulto para envolvimento com seu próprio aprendizado: ele reconhece que quanto mais aprende maior será sua autoestima.

Apesar de a Andragogia ter sido criada pelo pedagogo alemão Alexander Kapp (1799-1869), o disseminador do conceito foi Malcolm Knowles (educador americano, 1913-1997), e por isso ele é considerado o "pai da Andragogia".

O protagonista da Pedagogia é o professor: é quem determina o que vai ser aprendido, em que momento isto ocorrerá, como se dará, e como a avaliação será feita. Já a Andragogia responsabiliza o aluno pelo seu aprendizado, afinal ele escolhe aprender.

Knowles *apud* Khan (Khan, 2013, p. 177) reforça isto assim: "Se soubermos por que estamos aprendendo, e se a razão servir para as nossas necessidades conforme as percebemos, aprenderemos de forma rápida e profunda". Outro aspecto enfatizado por Knowles é a aprendizagem centrada em problemas, e não em áreas de conhecimento. E mais: há preferência do adulto por aprender aquilo que está relacionado com o seu cotidiano.

ÉTICA? NÃO TEM

Um amigo me entrega artigo que escreveu pedindo que eu revisse e complementasse certo ponto. Feito isto, ele me disse que repassaria o texto para uma colega: ela faria a finalização, e enviaria para o evento para apreciação.

No texto que ele me entregou constava o seu nome como primeiro autor, meu nome como segundo e o da colega em terceiro. Exatamente na medida do trabalho de cada um.

Foi com surpresa que, ao receber a carta de aceitação do evento, vimos que havia mudança na relação de autoria: a colega tinha assumido a autoria principal, deixando o legítimo autor em segundo. Eu fiquei em terceiro.

Perguntei-lhe se nada faria contra a usurpação. Ele disse que não; ela era assim.

Moral 1: vemos aí duas personalidades antagônicas: uma, ciosa do que é de cada um, e que não avança no que é do outro; outra, que não se peja de apropriar-se do que pertence a outrem, que não deixa escapar chance de levar vantagem, mesmo que abale uma amizade.

Moral 2: fiquei a pensar como esta colega agiria se lhe fizessem algo semelhante ao que fez. Decerto, a reação seria contundente, e não haveria paz enquanto a reparação não ocorresse, pois ela certamente não admitiria perder o que lhe é devido.

E SE O PROFESSOR NÃO SABE RESPONDER?

A didática aponta para o protagonismo do aluno, cabendo ao professor papel de orientador, de facilitador. Isto leva a que mais e mais vezes ocorram perguntas que o docente não sabe responder, ou mesmo sejam tratados assuntos que ele não domina. Como agir nestes casos?

Opto por dizer que não sei, sem evasivas. Estendo a pergunta feita aos demais alunos, para ver se alguém consegue respondê-la?

Não havendo resposta, eu prometo abordar o assunto em uma das próximas aulas, e respondê-la devidamente.

Tenho feito exercícios de sair do script com um procedimento didático que chamo "exposição rápida", em que dois estudantes escolhidos na aula anterior apresentam em não mais que cinco minutos um tópico qualquer proposto por eles mesmos, relacionado à disciplina. Tenho sido surpreendido com assuntos interessantes que os alunos têm trazido que eu não havia pensado em tratar nas aulas, mesmo porque alguns eu sequer conhecia.

ALUNO CONTESTADOR

Já tive muitos alunos com este perfil: não deixam passar nada sem contestação. Avaliações, interpretações, opiniões passíveis de posição contrária não escapam à sua intervenção refutadora. Diante de argumentação em resposta, vão à réplica, depois à tréplica. É contraproducente ceder espaço quando o interesse é de questionar pontos irrelevantes. Às vezes, o restante da turma fica à margem. Se for assim, é melhor não prolongar a discussão. Quando há participação da turma, pode ser oportunidade de ouvir outras opiniões, ampliar a aprendizagem a partir do debate.

Por conseguinte, a presença de contestadores na sala é boa para a aprendizagem, por possibilitar maior participação. Somos mais exigidos na condução das discussões, mas isto é um bom exercício – nosso trabalho exige habilidade na apresentação e no debate de ideias. Tudo em favor de que o aluno aprenda mais e pense melhor.

SER PAUTADO PELA EXCEÇÃO

De um grupo qualquer de pessoas, qual o percentual das que são antiéticas, incorretas? Em detrimento da maioria que preza a correção, às vezes, temos que adotar procedimentos excepcionais para conter os desonestos.

Há incontáveis situações em que nos vemos diante desta questão: como impedir ou inibir a ação de quem age contra o regulamento estabelecido? Para resolver isto, acabamos impondo restrições adicionais aos que agem com correção (é a maioria).

Não é por causa dos maus pagadores que tantas restrições são aplicadas nas operações de empréstimo e os juros são tão altos para todos?

Qual o percentual dos que entram em uma loja e saem sem pagar o que retiraram da prateleira? 10%? 5%? 2%? 1%? Não tenho resposta, sei que são poucos.

Por causa destes, procedimentos de controle excessivos são impostos a todos.

GARIMPANDO EM UM LIVRO ANTIGO DE DIDÁTICA

Tratando de fundamentos do ensino, o professor Ruy Santos de Figueiredo, em seu livro "Ensino: sua técnica, sua arte" (Rio de Janeiro: Lidador, 1967), lista algumas características que devem constituir a personalidade de um professor. A respeito do tópico "Temperamento uniforme", em que recomenda que o professor mantenha bom humor, seriedade e paciência, ele conta o seguinte caso.

O curso era de Medicina; prova oral do primeiro ano; por motivos particulares, o aluno desejava abandonar os estudos, e preferiu ser reprovado nos exames. O examinador lhe faz várias perguntas, e obtém a mesma resposta: "não sei". Irritado, o examinador faz o que seria a última questão:

– Em quantas partes se divide o corpo humano?

O aluno mantém a resposta dada até então:

– Não sei.

Perdendo o autocontrole com o comportamento inexplicável (para ele) do aluno, o examinador dirige-se a alguém na porta:

– Servente, traga-me um feixe de capim!

Incontinente, dirigindo-se ao mesmo empregado, prevendo a intenção do professor, o aluno pede:

– Para mim, um cafezinho...

Pano rápido!

GREVE DE FOME

Dizem que o ex-presidente vai fazer greve de fome na cadeia. Mas como isto com a fome que ele tem?

No passado, na vez em que ele fez tal greve na prisão, soube-se depois que era grande consumidor de barras de cereais, clandestinamente?

ISTO É JORNALISMO?

A insistência com que os jornais trazem fatos sem respaldo da realidade é desalentadora. Para dar um exemplo: a pessoa é alijada do processo eleitoral pela segunda condenação, desta vez por um colegiado de juízes, nada mais há a fazer de acordo com a "lei da ficha limpa", sancionada pelo próprio agora duplamente condenado. Porém, para os jornais não é suficiente. De meras suposições ou aspirações sem base factual forçam que se veja uma notícia – a existência de uma candidatura –, com fundo de veracidade.

Página virada neste caso! Adiante!

Encontro no romance "Número Zero", de Umberto Eco (escritor e semiólogo italiano, 1932-2016) a seguinte frase (na obra, Eco reflete acerca dos rumos do jornalismo): "Não são as notícias que fazem o jornal, mas o jornal é que faz as notícias, e saber juntar quatro notícias diferentes significa propor ao leitor uma quinta notícia".

Estão levando exageradamente em conta a frase de Eco: a propositura da quinta notícia a partir de quatro diferentes é inquestionável logicamente se as quatro notícias iniciais forem verídicas. Mas no Brasil alguns jornais partem de não mais que intenções sem base fática para criar uma notícia. Pode? Isto é jornalismo?

JOÃO SEM BRAÇO

A expressão do título desta nota é utilizada para designar a atitude de uma pessoa que, por não cumprir uma obrigação da qual tem ciência, se faz de desentendida e tenta ver se ninguém se dá conta do seu comportamento.

No primeiro dia de aula eu envio por e-mail para os alunos o pdf do material didático com o conteúdo de cada disciplina. O texto contém o planejamento, com datas de provas, projetos que serão desenvolvidos, artigos a serem escritos, exercícios de fixação. Uma advertência é dada quanto à questão da frequência: como os cursos de que tenho participado são presenciais, é exigida a frequência de 75% às aulas previstas.

A despeito disso, alguns alunos se fazem de desentendidos e aparecem, às vezes, apenas no fim para fazer as provas. Houve um caso extremo no penúltimo período – fiquei pasmo – realizadas 90% das aulas, um estudante estranho comparece a uma das provas finais. Surpreendeu-me um pouco a presença dele (achei que não o conhecia), mas como não sou bom fisionomista, eu poderia estar enganado; por isso, não olhei na hora sua situação na relação de alunos; ele participou da atividade normalmente.

Depois de corrigir as provas, lancei os conceitos na lista e constatei que havia uma prova de aluno que não constava da minha lista de frequência (aquele que tinha chamado minha atenção). Ou seja, esse aluno não tinha comparecido a uma aula sequer e queria que sua prova fosse considerada.

Enviei-lhe e-mail, informando que seu esforço tinha sido em vão, pois ele estava reprovado por falta há muito tempo. Ele ainda tentou argumentar, mas lhe respondi que desde o primeiro dia de aula eu tinha avisado como agiria em relação a cada questão da disciplina. Uma destas era a frequência. Ele poderia confirmar na página 3 do material didático.

MULHER-GATO

Vendo a jornalista, já entrada em anos, com fantasia juvenil de Mulher-gato e o namorado paramentado de Batman, constatamos que é lindo o amor.

Contudo, é preciso dizer que não é só para o ridículo que às vezes este sentimento nos conduz.

MULHER-GATO II

Independentemente da zombaria a que ficou sujeita, e a despeito de possível constrangimento para os filhos pela gozação inevitável dos amigos, ela tem mais é que viver a sua fantasia.

MOMENTO DE TRISTEZA PROFUNDA

Um amigo me relatou evento ocorrido com ele quarenta anos atrás. Passo-lhe a palavra:

– Guardo na memória e no coração um momento marcante de minha partida de Belém para Campinas em meu fusquinha. Depois das despedidas, meus pais ficaram no portão de casa para o adeus;

dou partida no carro e olho através do parabrisa para casa para um último aceno. Paro, e acompanho meu pai por um momento. Ele baixa a cabeça, apoiando-se no muro, a demonstrar toda sua tristeza pela separação. Fiquei comovido com o que vi. A despeito de meu pai me apoiar na decisão de prosseguir os estudos no sudeste do País, ele não deixou de demonstrar a profundidade de seus sentimentos com aquele pequeno gesto.

Hoje, casualmente, nos encontramos exatamente defronte da casa da família. E ele pôde mostrar-me exatamente onde estava seu pai (falecido há uns quinze anos), quando baixou o olhar, amargurado com sua partida, comovendo-o profundamente enquanto dava partida no carro.

MONTANHA DE LIVROS

Sempre que contestado a respeito da exatidão de algum conteúdo de suas aulas, o professor respondia para o aluno:
— Respeita a montanha de livros que nos separa!

PROFÍCUO X PROLÍFICO

Encontro a seguinte frase em uma notícia a respeito do número de produções de dado autor de telenovelas:
— Escreve quase uma obra por ano, é o mais profícuo dos novelistas.

Vou ao dicionário porque me ocorreu que o jornalista tinha empregado palavra inexata para o que queria dizer. Vejo que profícuo traz os seguintes sentidos: "que dá proveito"; "de que resulta o que se esperava"; "frutífero"; "lucrativo"; "que tem êxito"; "proveitoso"; "rendoso". Já prolífico (o adjetivo que eu achei que era o mais apropriado) traz as seguintes acepções: "que gera prole"; "que gera prole numerosa"; "que produz em grande quantidade; produtivo; fecundo".

Conclusão que extraí da análise: o jornalista empregou corretamente o adjetivo "profícuo", pois o autor a que ele se referia se caracteriza por produções exitosas. Mas, se sua intenção era destacar alta produtividade (sua frase anterior sugere isto – "Escreve quase uma obra por ano", expressando ideia de grande produção), o adjetivo seria "prolífico".

Por isso, a rigor, pelo que a matéria trouxe, caberiam os dois adjetivos na mesma frase: "profícuo e prolífico".

MUDANÇA DE ÁREA

Cada vez com mais frequência, vemos casos de pessoas que terminam um curso superior e logo iniciam outro em área bem diferente, às vezes, sem ter exercido a profissão do curso finalizado.

Mesmo não sendo em instituição pública, o desperdício de recurso deveria preocupar o MEC. Com tantos ainda sem acesso ao ensino superior!

Cheguei a participar em um colegiado superior da Universidade da cerimônia de premiação de aprovados em primeiro lugar no vestibular. Muitos encômios para um calouro que acabara de concluir curso em outra área!

Ora, tudo bem que haja liberdade para cada um fazer o quer com a sua vida, mas deveríamos estar tristes com o desperdício de recursos. Tantos que ficaram fora, sem uma chance!

CALIFASIA

Continuando a garimpagem no livro do professor Ruy Santos de Figueiredo ("Ensino: sua Técnica – sua Arte"; Rio de Janeiro: Lidador, 1967).

Aliás, não lembro como este livro veio parar na minha biblioteca: trata-se de uma xérox, em uma face somente do papel, encadernada elegantemente em capa dura. Talvez tenha comprado em algum sebo nos meus tempos do Rio de Janeiro.

Tratando de "postura e gesticulação" no capítulo 3 – A Arte de Falar, Figueiredo (1967) afirma que é importante observar e pedir que alguém observe a sua califasia, "pois, muitas vezes tem cacoetes de gestos e de voz que nem mesmo ele sabe, pois nunca atentou para isto" (p. 73). Vou correndo ao dicionário atrás da palavra "califasia": encontro que é a arte ou a técnica de pronunciar as palavras, elegantemente ou expressivamente.

Para ilustrar, ele conta que tinha um professor que repetia insistentemente durante a aula a frase "Não é?".

Certo dia, este professor mostrou-se entusiasmado com o comportamento da turma (p. 73):

– Vocês, hoje, estão de parabéns, pois prestaram realmente atenção à aula, anotando todos os seus pontos importantes. Continuem assim, e a aprovação será certa.

Em seguida, ele retirou-se. Os estudantes rapidamente passaram a contar, nas suas "anotações" particulares, o número de vezes que o professor havia falado "não é?": o motivo era saber quem tinha acertado o escore do "bolão ´não é?´" que haviam feito a cinco cruzeiros por cabeça minutos antes da aula...

EDUCAÇÃO NO BRASIL

Qualquer discussão sobre Educação no Brasil passa pela realidade inequívoca de que não é prioridade para os diferentes níveis de governo. Aliás, é só prioridade nos discursos; os redatores não a esquecem.

Lembremo-nos, por exemplo, do discurso de posse da presidente Dilma no dia 1º/1/2015. Ela afirmou que o lema do seu segundo mandato seria "Brasil – Pátria Educadora".

Dias depois, não mais que poucos dias depois, ela contradisse seu lema e o jogou na lata de lixo, fazendo um corte de 30% do orçamento da Educação.

Dos cortes impostos pelo ajuste fiscal realizado pelo governo, o da Educação foi de longe o maior de todos. Outras áreas tiveram corte de 7%, 6% no orçamento. O de Educação, porém, foi de 30%. Brasil, Pátria Educadora? Uma ova!

Thomas Piketty (em "O Capital no Século XXI"; Rio de Janeiro: Intrínseca, 2014, p. 75) ratifica o que já se sabia: todos os países que fizeram "investimentos em capital humano – aumento do nível geral de educação e formação", como consequência, tiveram "crescimento econômico de longo prazo": isto foi respaldado por todas as pesquisas contemporâneas. Ocorreu com o Japão, com a Coreia do Sul, com Taiwan no passado e com a China hoje.

Olhando as condições gerais da Educação no Brasil: baixos salários, péssimas condições de trabalho, carreira docente sem incentivos para atrair bons profissionais, inexistência de planos de gestão com metas a cumprir pelas escolas e pelos professores, corporativismo docente e desmotivação, carência de recursos. Enfim, as mazelas são muitas e de variado tipo.

Recursos há, pois o País destina cerca de 6% do Produto Interno Bruto para a área. Isto é o que países desenvolvidos destinam à Educação. Qual é o problema, então? Descaminho dos recursos. Traduza-se descaminho por perda pela corrupção, pelos desperdícios decorrentes da má gestão. Prioridades mal estabelecidas. Falta de continuidade das diretrizes, com busca de cumprimento por dez, quinze anos, que não se limitem a um período de governo (quatro anos).

Cada nova administração alega herança maldita, e propõe fazer tudo de novo. Não é possível assim sair do lugar.

Para dar um exemplo deste passo que não anda: a erradicação do analfabetismo. Os índices divulgados recentemente apontam, ao contrário, aumento no número de analfabetos.

O Japão conseguiu erradicar o analfabetismo em 1900, para dar uma medida comparativa da incompetência do Brasil na execução dos planos estabelecidos e de quão atrasados estamos.

LEITURA APRESSADA

Esta nota é uma síntese de um trecho de "Sapiens – Uma Breve História da Humanidade", de Yuval Noah Harari, israelense, professor de História, publicado em 2016 pela editora L&PM (Porto Alegre), 464p.

Harari (2016) aponta quatro momentos significativos na História da Humanidade, identificados por ele como revoluções.

A Revolução Cognitiva (70.000 anos atrás), em que o homem é ainda um animal insignificante; surge a linguagem ficcional; é o começo da história; os sapiens se espalham a partir da África.

A segunda revolução – a Revolução Agrícola (12.000 anos atrás) –, em que ocorreu a domesticação de plantas e animais, o que levou aos assentamentos permanentes.

O terceiro momento – a Revolução Científica (500 anos atrás) – em que a humanidade admite sua ignorância e começa a conquistar a América e os oceanos; o planeta inteiro se torna um só palco histórico; caracteriza-se pela ascensão do capitalismo.

O quarto momento – a Revolução Industrial (200 anos atrás) –, em que família e comunidade são substituídas pelo Estado e pelo mercado. Registra-se a extinção em massa de plantas e animais.

Harari sintetiza o presente assim: os humanos transcendem os limites do planeta Terra; as armas nucleares ameaçam a sobrevivência da humanidade; cada vez mais, os organismos são moldados por design inteligente e não por seleção natural.

Para o futuro, ele questiona:
– O design inteligente se tornará o princípio básico da vida?
– O Homo Sapiens será substituído por super-humanos?

SALA DE AULA INVERTIDA

Na sala de aula tradicional ocorrem aulas expositivas na escola; eventualmente exercícios e tarefas são também realizados em sala. Mas é comum que sejam levados para fazer em casa. A inversão citada no título desta nota decorre do fato de que a exposição do conteúdo ocorre em casa, por meio de vídeos, áudios, multimídia ou internet, e os exercícios, os trabalhos em grupo, as discussões acerca do conteúdo sejam realizados em sala.

Esta é a proposta da chamada Sala de Aula Invertida (em inglês, *Flipped Classroom*). O tempo da sala de aula é liberado para ser empregado em atividades de aprendizagem: realização de exercícios individuais ou em grupo, realização de projetos, discussões, resposta a perguntas e orientação pelo professor.

A proposta tem a orientação de dar mais protagonismo ao estudante, fazendo com que ele tenha atitude mais participativa na sala e mais determinante para sua própria aprendizagem.

RESOLUÇÃO DE PROBLEMAS ACADÊMICOS

A UFPA instalou o Curso de Tecnólogo em Processamento de Dados (CTPD) em Santarém em 1994, na época em que a sede na cidade operava como campus; já havia vários outros cursos de graduação em funcionamento, como Licenciatura em Matemática, Pedagogia, Administração. Em 2004 passou a funcionar o Curso de Bacharelado em Sistemas de Informação, com a desativação do Curso de Tecnólogo em Processamento de Dados. Este foi o embrião do que é hoje a Universidade Federal do Oeste do Pará – UFOPA, criada pela lei 12.085 de 05/11/2009. Só em 2013 passou a funcionar o Curso de Bacharelado em Ciência da Computação.

O Departamento de Informática em Belém era responsável pelo corpo docente do CTPD de Santarém.

Naquela altura, como chefe do Departamento, eu estive em Santarém para resolver problemas de condução do curso, a pedido dos alunos. As principais reclamações estavam relacionadas aos professores temporários contratados pelo próprio campus.

Lá realizei reunião no auditório com todos os alunos. A partir deste episódio, percebi que não tinha sido uma boa escolha, em vista da perda de tempo e dos tipos de problemas que me foram relatados, em grande parte questões irrelevantes. Para citar um exemplo (e este foi o único ponto associado à razão do convite para a realização da reunião – genericamente era a insatisfação com professores): dois estudantes criticaram um professor (presente à reunião) por chegar atrasado às aulas. Perguntei de quanto tempo era o atraso e a frequência com que tinha ocorrido. Eles responderam que o professor se atrasara duas ou três vezes no semestre por cerca de quinze minutos. Aí eu comentei: vocês me fizeram vir de Belém para dizer que o grande problema do curso era um professor que teve este atraso desprezível. Ora, claro que seria melhor que o professor não se atrasasse nenhuma vez. Para que comparassem com as questões que eu tinha em Belém, disse-lhes que meu problema não era atraso ocasional de um professor para iniciar sua aula, mas a falta. Disse-lhes que havia casos de professores temporários que se ausentavam por dois meses. E pior: eu nem tinha quem os substituísse se resolvesse demiti-los.

Daí em diante, eu passei a evitar reunião cujo objetivo seja o levantamento e a resolução de problemas com mais de meia dúzia de participantes. Passei a adotar reunião com representantes dos estudantes. Eles se reúnem, escolhem titular e suplente, que os representarão na reunião, e, então, no colegiado formado tratamos dos problemas que os afligem. Bem mais fácil haver convergência de pensamento e menos perda de tempo do que quando a reunião envolve 15, 20 participantes, muitos desejosos de protagonismo, às vezes.

TEORIA DE RESPOSTA AO ITEM

Como mencionado em outra nota deste livro, a avaliação de aprendizagem em larga escala é aquela realizada como instrumento norteador para os diferentes níveis de gestão na área educacional acerca do cumprimento de diretrizes e o estabelecimento de estratégias, ações e políticas necessárias para o avanço da Educação do país.

Como se trata de avaliação em larga escala, envolvendo contingente grande de pessoal e até abrangência territorial ampla, as exigências de elaboração de um exame com esta amplitude são enormes. Imaginem a complexidade envolvida em um exame como o Exame Nacional do Ensino Médio (ENEM)! Na edição de 2017 (aplicado em 5 e 12 de novembro), o número de inscritos foi superior a 7,6 milhões. Nesse ano, o ENEM deixou de certificar o ensino médio e passou a possibilitar o ingresso nas instituições públicas de ensino superior, por meio do SISU – Sistema de Seleção Unificada, transformando-se, portanto, em exame de vestibular para estas instituições.

As questões logísticas e de planejamento são muito complexas, indo desde a formação das equipes de elaboradores, a impressão das provas, o transporte para as escolas, a realização dos exames, até a sua correção, com exigência estrita de privacidade e lisura em todas as etapas do processo.

Neste tipo de exame é utilizada a Teoria de Resposta ao Item (usa-se o acrônimo TRI para referenciá-la), que é uma modelagem estatística empregada em avaliações de conhecimentos e habilidades, em que os examinandos são submetidos a provas diferentes. Nesta situação, a Teoria Clássica dos Testes – teoria estatística empregada para este tipo de avaliação – mostrava-se inadequada.

A Teoria da Resposta ao Item utiliza a estatística bayesiana, em que a probabilidade de acerto de um item é condicionada à habilidade e ao conhecimento do examinando. A curva que modela a probabilidade de acerto de um item é uma função crescente na ordenada da habilidade e conhecimento; o gráfico que tem a probabilidade condicional de acerto de um item é chamado de Curva Característica do Item.

Com a Teoria da Resposta ao Item, a análise da estimação de conhecimentos e habilidades desloca-se das provas para os itens. Há o conceito de que os parâmetros dos itens (nível de dificuldade, acerto casual) são suas características próprias. Considera-se que a característica de medição dos itens é invariante no tempo, com ressalvas conhecidas. A Teoria da Resposta ao Item modela a probabilidade de acerto a um item por meio de uma função não linear do conhecimento dos examinandos. Desta forma, é possível comparar o conhecimento dos examinandos submetidos a provas diferentes, desde que elas meçam as mesmas características. Isto é particularmente útil quando se tem uma grande quantidade de tópicos de uma matéria a ser avaliada, mas os examinandos responderão apenas um conjunto pequeno de itens, evitando-se, assim, prova muito extensa (Andrade *et als*., 2000).

Como se trata de um sistema, o resultado do trabalho realizado pelos professores nas avaliações em pequena escala repercutirá no que vai ser obtido nas avaliações em larga escala.

VANTAGEM EM TODAS AS SITUAÇÕES

No início da década de 1990, fui à Macapá para participar de banca examinadora na área de computação para o que seria o primeiro grande concurso para professores em várias áreas para a Universidade Federal do Amapá – UNIFAP, na companhia de muitos colegas da UFPA. Macapá já era uma zona franca para venda de produtos importados. O visitante tinha uma cota para compra de produtos sem taxas.

Um colega, desses que não perdem uma chance de usufruir oportunidades que a vida vai oferecendo, apesar dos constrangimentos a que se imponha para isso e que impõe aos outros, resolveu extrapolar bastante a cota de compra de produtos importados para suprir a lojinha de que era proprietário em Belém. Para não pagar os impostos devidos por ultrapassar o limite individual de compras, ele contava utilizar as cotas dos colegas.

É permitido fazer isto com os colegas? Não. Mas ele não tinha medida para a inconveniência e nem para a falta de bom senso.

Há bem mais. O micro-ônibus da UNIFAP passou no hotel para apanhar a comitiva e levá-la ao aeroporto para a viagem de volta. As caixas dele tomavam o corredor do ônibus de ponta a ponta. Ele se vira para mim e para alguns colegas, e pede que o ajudássemos a descer a carga no aeroporto. Claro, recusamos ajudá-lo, com a alegação de que tínhamos as nossas malas para retirar do ônibus e despachar.

Por fim, não houve quem o ajudasse. Sozinho, suado, camisa ensopada pelo esforço de estivador, ele desceu todos os seus volumes. Na fila para o desembaraço das compras na alfândega, ele distribuiu as caixas entre colegas de outros institutos que não tinham extrapolado a cota de compra. No fim, vi que até a vice-reitora da UFPA, que liderava a comitiva, despachava caixas para ele.

Como me desvencilhei rapidamente no desembarque em Belém, não tenho certeza se ele pediu que os colegas de comitiva o ajudassem no transporte das caixas até sua casa.

DESDE COMENIUS ATÉ HOJE POUCO MUDOU...

Faz sentido que, com tudo o que sabemos a respeito de administração, e com a tecnologia de que dispomos hoje, ainda organizemos e realizemos os nossos cursos, as nossas disciplinas da mesma forma que Jam Amos Comenius (escritor checo, 1592-1670), considerado o pai da Didática Moderna, fazia quando publicou a obra "Didática Magna" em 1632 como técnica para ensinar tudo a todos?

Avalie o próprio leitor com base em questões propostas por ele na obra citada a respeito de como estimular o estudante: "a alguns não falta a aptidão para os estudos, mas a vontade; e obrigá-los a estudar contra a vontade é, ao mesmo tempo, enfadonho e inútil. (...) E se se demonstrar que a causa do desgosto pelo estudo são os próprios professores?" (Comenius *apud* Silva (2014)).

Faço uma provocação: alguém vê semelhança com as questões que enfrentamos hoje, mesmo com todo o avanço científico e tecnológico havido nesses 386 anos desde o lançamento da obra de Comenius?

Se há 1000, 1200 alunos para quem precisamos ensinar cálculo, programação de computadores, química orgânica ou qualquer outra disciplina básica, faz sentido que ainda dividamos em 25, 30 turmas, em que 25 a 30 professores são mobilizados irracionalmente com uma forma de organização que não apresenta mínima chance de resultado efetivo em termos de aprendizagem, já que "aula é interação, e interação é o que assegura com maior probabilidade a aprendizagem" e eles terão que acompanhar 35, 40 alunos, portanto, exigindo trabalho em volume descomunal se eles quiserem que seus alunos efetivamente aprendam?

Será que não há forma mais racional, inteligente, que leve a melhores resultados do que a que temos adotado?

Não há como fazer com que algumas aulas destas disciplinas de massa sejam magnas – aulas para 1000, 1200 alunos – bem estruturadas, com conteúdo excelente, em que a clareza pontifique do início ao fim? E depois destas aulas magnas, grupos pequenos de 5 a 10 alunos sejam formados para uma segunda etapa da disciplina com prioridade para interação (perguntas e respostas), debates, resolução de problemas ou desenvolvimento de projetos, associados aos conteúdos das aulas magnas, com aqueles mesmos 25 a 30 professores?

A questão não é passar a contar com menos professores, mas fazer com que, nesta segunda etapa, eles interajam com menos estudantes e, assim, possibilitando mais chance de aumentar a aprendizagem. E as tecnologias digitais – as grandes responsáveis pela revolução da vida atual – não serão estendidas para a Educação?

Não há mesmo forma de organização, por mais que não seja a esboçada acima, que garanta que os recursos tenham melhor aplicação – com resultados mais efetivos?

Com as questões propostas, corro risco (e isto é comum em Educação, tão infensa a mudanças e a arejamentos, em particular oriundos de outras áreas, e mais ainda da empresarial) de ser criticado duramente por pensar em racionalidade, em efetividade, em resultados – valores que alguns julgam válidos só na área empresarial, jamais na educacional, como se devesse haver compromisso com maus resultados.

Esta nota foi escrita a partir de uma pergunta provocativa feita por Sílvio Meira (professor titular de Engenharia de Software da UFPE) em palestra disponível no YouTube, intitulada "O futuro das profissões".

CONTROVERSAS MANCHETES DE FUTEBOL

Lendo as manchetes dos jornais da Espanha e do Brasil a respeito da partida entre Real Madrid e PSG pela Liga dos Campeões da UEFA 2018, fiquei em dúvida se os jornalistas tinham visto o mesmo jogo que eu. Uma manchete de um lado informava que Cristiano Ronaldo havia brilhado; já Neymar tinha feito má partida. Nos jornais de Madrid, elogios para Ronaldo; para Neymar, críticas. Só um escasso jornal elogiava a atuação do brasileiro.

Leio agora que Xavi Hernández, craque espanhol que fez carreira no Barcelona e hoje joga no Catar, disse que havia muita injustiça no que disseram acerca da atuação de Neymar, e nos elogios exagerados a Ronaldo. Ele perguntou: "o que Ronaldo fez contra o PSG?". Marcou um gol de pênalti e um casualmente de joelho. Cobrou umas faltas, ou na barreira ou bem longe da meta. Perdeu chance clara de gol, em passe do lateral esquerdo Marcelo; pode-se desculpá-lo neste lance, pois o goleiro foi muito bem. Ao cabo, fez dois gols (daí as manchetes estampando suposto "brilho"; lembro um jornalista que dizia que certos gols, de tão fáceis, até um balde intruso na área faria; outro dizia que até a sua vó faria, mesmo com sua lerdeza natural); Neymar não anotou na partida.

Mas se comparamos as atuações, apesar de não ter marcado gol, Neymar fez uma partida mais intensa, produtiva. Sempre que recebia a bola, partia em direção à meta, driblando, criando oportunidades, não aproveitadas em gol.

Ah, mas futebol é gol, dizem alguns acacianos. Com isenção na análise, não como torcedor, que é o que o apreciador do futebol faz, pode-se dizer que, às vezes, o time que fez as melhores jogadas, e que dominou o jogo, nem sempre ganha. É assim no futebol. É só provável que o melhor vença, não é certo que isto aconteça.

Lendo a opinião do craque espanhol, concluí que vimos o mesmo jogo.

Ponderando os dois conjuntos de atletas, uma previsão para confirmação ulterior: o PSG vai eliminar o Real na partida de 6/3/2018 em Paris, a despeito da vantagem inicial do time espanhol.

20% A DISTÂNCIA

A Portaria MEC nº 4.059/2004 determinava que até 20% das atividades dos cursos presenciais pudessem ser semipresenciais. Ela foi revogada pela Portaria MEC nº 1.134, de 10/10/2016, e deixou mais flexível sua utilização. Tenho feito leitura com base no espírito dessas portarias para reservar algumas aulas de disciplina presencial, para realizá-las na modalidade a distância e, assim, poder utilizar o tempo para dedicação à leitura de documentos produzidos pelos estudantes, como artigos e projetos.

Se a turma é constituída de 30 alunos, por exemplo, e há 30 artigos e 15 projetos para serem lidos e comentados, julgo que é razoável que algumas aulas presenciais sejam convertidas em aulas a distância, para dar conta desta tarefa.

Se eu considero que a redação de artigos e a elaboração de projetos são habilidades a serem adquiridas pelos alunos, é necessário acompanhar o desenvolvimento destes trabalhos em pelo menos três momentos como forma de garantir efetiva aprendizagem. Então faz sentido reservar tempo para isto.

ANÁLISE TRANSACIONAL

Um conceito relevante utilizado pela educação a distância é o de distância transacional. Este conceito procura descrever as relações professor-estudante quando ambos estão separados no espaço e/ou no tempo. Ele tem origem no conceito de transação, formulado por J. Dewey e A. F. Bentley, em obra publicada em 1949 pela Beacon Press de Boston, intitulado *Knowing and the Known* ("Conhecendo e o Conhecido"), e representa a interação entre os indivíduos, o ambiente e os padrões de comportamento em dada situação (Moore, 2002).

A separação geográfica de estudantes e professores na Educação a Distância leva a padrões especiais de comportamento, e, claro, afeta intensamente o ensino e a aprendizagem. Moore (2002, p. 2) afirma que,

> com a separação surge um espaço psicológico e comunicacional a ser transposto, um espaço de potenciais mal-entendidos entre as intervenções do instrutor e as do aluno. Este espaço psicológico e comunicacional é a distância transacional.

É óbvio que, mesmo na educação presencial, existe em alguma medida distância transacional. Adiante, são analisadas algumas formas de reduzir a distância transacional neste caso.

Moore (2002), no artigo em que define a Teoria da Distância Transacional, aponta que a extensão da distância transacional em qualquer programa educacional é função de três variáveis: Diálogo Educacional, Estrutura do Programa de Ensino e Autonomia do Estudante. Estas três variáveis são inter-relacionadas, e cada uma delas, por sua vez, é afetada por vários fatores.

Diálogo Educacional

O diálogo estabelece-se na interação entre professor e estudantes. Apresenta as seguintes características: é intencional, construtivo e tem valor reconhecido pelas partes. Cada parte do diálogo é um ouvinte atento e ativo; contribui com a outra parte da forma que pode. Moore (2002) associa o termo "diálogo" a uma interação ou a uma série de interações positivas, direcionadas para o aperfeiçoamento da compreensão do educando. Portanto, uma interação negativa ou neutra não constitui diálogo.

A extensão e a natureza do diálogo são determinadas pela filosofia educacional do responsável pelo projeto do curso, pelo conteúdo do curso, pelas personalidades de professores e estudantes, pelo objeto do curso e por fatores ambientais. Um fator ambiental óbvio é o meio de comunicação empregado para se estabelecer a interação. Um programa educacional realizado unicamente pela televisão não proporcionará diálogo professor-estudante, pois este meio não permite que o educando envie mensagens ao professor. Isto ocorre também com um arquivo de áudio, um CD, um DVD. Há uma resposta interior do educando ao que é transmitido, mas não chega ao professor (trata-se de um diálogo virtual). Uma comunicação por correio eletrônico possibilita diálogo (com menos espontaneidade e mais reflexividade), mas com algum retardo na interação; uma comunicação por *chat* tem a vantagem de ocorrer em tempo real (com mais espontaneidade e menos reflexividade). A troca de meio de comunicação pode aumentar ou reduzir o diálogo entre educandos e professores, reduzindo ou aumentando a distância transacional (Moore, 2002).

São também fatores ambientais que influenciam o diálogo: o número de estudantes por professor, a frequência da interação, o ambiente físico onde os estudantes aprendem e onde os professores ensinam.

Estrutura do Programa do Curso

A Estrutura do Programa do Curso explicita "a rigidez ou a flexibilidade dos objetivos educacionais, das estratégias de ensino e dos métodos de avaliação do programa" (Moore, 2002, p. 5). A estrutura descreve como cada necessidade individual do estudante é tratada e é determinada pelos meios de comunicação empregados. Além destes aspectos, outros são determinantes: filosofia e características emocionais dos professores, personalidade dos estudantes, restrições impostas pelas instituições educacionais.

Moore (2002) exemplifica com um programa de televisão gravado: tudo é altamente estruturado, segundo a segundo. Não há qualquer diálogo professor-estudante, e nenhuma chance de levar em consideração a contribuição dos estudantes. Neste caso, programa altamente estruturado, não há nenhum diálogo professor-estudante, consequentemente a distância transacional entre estudantes e professor é grande. Por outro lado, em um programa por videoconferência, que apresente estrutura flexível e possibilite intenso diálogo professor-estudantes, terá pequena distância transacional.

Autonomia do Estudante

Para Moore (2002), a autonomia do estudante ocorre na medida em que ele determina os objetivos e as experiências de aprendizagem e também as decisões de avaliação do programa de aprendizagem. Isto não cabe ao professor. Aliás, cabe, isto sim, ajudá-los a adquirir esta habilidade, já que nem mesmo todos os adultos estão preparados para uma aprendizagem completamente independente.

Uma forma de diálogo frequente no ensino presencial e buscado pelo ensino a distância é aquele que ocorre entre os estudantes, naturalmente, em pares ou em grupos, com ou sem a presença de um professor em tempo real. Os grupos de estudantes aprendem tanto pela interação ocorrida intergrupos quanto pela interna ao grupo. Qualquer processo de ensino não pode prescindir da aprendizagem decorrente da construção coletiva do conhecimento, em que cada estudante pode interagir com as ideias dos outros, no seu próprio tempo e ritmo (Moore, 2002).

Como formas de diminuir a distância transacional em cursos presenciais, Tori (2002) propõe algumas ações: disponibilização de monitoria on-line aos estudantes, para eliminar dúvidas existentes que não foram tiradas na sala de aula; gravação de vídeo de aulas magnas e disponibilização aos estudantes, por meio de servidores de *video streaming*; substituição de aulas expositivas para grandes plateias por material interativo on-line, a serem complementadas por aulas presenciais com carga horária menor e pequeno número de estudantes; estas aulas seriam destinadas à realização de dinâmicas de grupo, discussões, esclarecimento de dúvidas, orientações.

Outras ações: criação e incentivo à participação em fóruns de discussão segmentados por série, por disciplina, por projeto; disponibilização de laboratórios virtuais para a realização de experiências preparatórias, que, depois, seriam realizadas em laboratórios reais.

FORÇA DO CAPITALISMO

Acompanho a força natural do capitalismo, impondo-se inevitavelmente. Um exemplo: é inaugurada uma barbearia em uma esquina do bairro. Decoração "vintage", mas devidamente refrigerada, com serviço de bar e café – nos mínimos detalhes de conforto para cativar os saudosistas. O preço do serviço é compatível com todos os detalhes de luxo exigidos neste tipo de negócio. Sem concorrência, o investidor teria o retorno de seus recursos em pouco tempo.

Quatro meses depois, negócio semelhante é implantado, com instalações bem maiores, uma quadra distante. Pronto! Agora, já havia concorrência. Não era mais possível manter os preços iniciais na altura, pois agora não estava mais só na área.

Quando um grupo empresarial que operava na distribuição de medicamentos decidiu atuar no varejo, o que ocorreu com as farmácias de bairro? Foram alijadas do mercado. A estratégia desta cadeia, inspirada em patrimônio turístico londrino como marca, era a expansão pela compra dos concorrentes. Quem rejeitasse a proposta, passaria a tê-la ao lado da sua loja, com oferta de preço baixo (já que tinha a margem de distribuição para manobrar). Poucos conseguiram manter-se no ramo. A rede partiu para expansão rápida também no interior e em outros estados.

Um colega me falou que só resistiu, mantendo sua farmácia na Terra Firme, porque tinha trabalho social na vizinhança, o que lhe garantiu a fidelidade dos clientes na ocasião do acirramento da disputa pelo mercado.

Outros grupos empresariais do mesmo ramo, com atuação semelhante, instalaram-se no mercado paraense. A estratégia era igual: comprar ou alugar imóvel ao lado do concorrente, e asfixiá-lo implacavelmente até a vitória final.

Tempos depois, o que parecia tratar-se de grupo sólido, vejo nos jornais que é vendido por não mais que mil reais, assumindo o comprador o enorme passivo existente na empresa.

Depois que esta grande cadeia quebrou, o que se percebeu no comportamento do principal concorrente, também grande cadeia de farmácias? Sabedora que estava sem quem lhe fizesse frente no mercado, exorbita nos preços para usufruir dessa situação. Comparando-se preços de uma farmácia pertencente a uma cadeia de supermercados e esta, constata-se o preço abusivo. O que vai acontecer? Ela vai perder a clientela aos poucos.

Em resumo: a despeito de ações agressivas de marketing, com publicidade em televisão, rádio, jornal e ações de simulação de campanha eleitoral com agitação de bandeirolas em dias de promoção às proximidades de grandes lojas, a empresa com inspiração londrina foi inapelavelmente à bancarrota. E o antes sólido grupo empresarial desde então vive a desfazer-se de patrimônio até o desaparecimento completo.

POR QUE HÁ TANTA FARMÁCIA?

Resposta curta e objetiva: o povo é doente.

Nos Estados Unidos e na Europa não encontramos tanta farmácia quanto nas cidades brasileiras. Notamos logo a distorção: automedicação e povo doente, a mercê da indústria farmacêutica.

Há prevenção? Raramente!

A falta de informação leva à doença. O que resta ao médico? Medicação!

Mesmo a compra de um analgésico é impossível no exterior sem receita.

Quem nunca viu uns sujeitos com pastas enormes terem preferência de entrar no consultório médico para divulgar novos medicamentos e levar as amostras grátis?

Certa feita, perguntei para o balconista da farmácia por que ele teria que registrar o CRM do médico se o medicamento não era controlado? Ele respondeu que o laboratório tinha interesse em saber quem tinha feito a prescrição. Todos nós somos capazes de deduzir por quê. Ninguém dá nada de graça: explicam-se os brindes dos laboratórios para os médicos na forma de passagens aéreas, inscrições em congressos, pagamento de diárias de hotéis.

QUANTO A VAGABUNDA PEDIU?

Esta pergunta foi feita pelo contador para saber o valor da propina pedida pela fiscal da Prefeitura, depois de vasculhar por vários dias os registros contábeis até encontrar algo que incriminasse a empresa. O valor informado por ela da multa a que empresa estava sujeita inviabilizaria o negócio.

Numa tarde, a mulher de um dos sócios vai apanhar o marido na empresa, e encontra a fiscal citada, que ainda fazia sua inspeção – elas tinham sido colegas no tempo de faculdade. Os sócios pensaram logo:

– Que sorte! Ela vai aliviar o valor da propina ou até dispensá-la!

Nada disso! Ela falou para a sua colega de turma que o valor do suborno já estava contabilizado no "arroz" dos fiscais; não havia mais como mudar.

A empresa teve que pagar o valor inicialmente estabelecido: esta era a única forma de ela não receber a multa exorbitante estipulada.

O teor da pergunta do contador no título dá a medida exata de como ele a via.

Para mim, naquela altura neófito no mundo dos negócios, soavam estranhas a ameaça da fiscal e a forma de tratamento do contador.

DISCUSSÃO A RESPEITO DE DIDÁTICA

Tive discussões com uma amiga a respeito de procedimentos didáticos. Comentários normais que amigos trocam, pela liberdade que a longa convivência assegura. Ela rejeitava, por exemplo, a adoção de trabalhos práticos para serem desenvolvidos por grupos de alunos. Sua alegação era que nem todos participavam da feitura dos trabalhos: ela não tinha como evitar que um se escorasse no outro. Por isso, a avaliação final de suas disciplinas era obtida somente das provas realizadas. Eu lhe dizia que isto acontecia com percentual pequeno da turma, e não deveria impedi-la de lançar mão da prática que era benéfica para a aprendizagem dos estudantes.

Eu argumentava que ela não fosse tão intransigente quanto à forma de avaliação, dando chance que os estudantes que tivessem obtido conceito baixo nas primeiras avaliações pudessem recuperar-se nas seguintes. A taxa de reprovação em suas turmas era alta.

Ela dizia que não consideraria minhas sugestões porque, assim como ela, eu não tinha formação pedagógica.

Depois vim a conseguir qualificação na área de Educação. Então, passei a reafirmar a posição que lhe tinha externado. E ela não pôde mais retrucar com o fato de eu não ter base para criticar suas práticas.

Mas ela era dessas pessoas inamovíveis a argumentos contrários, mesmo os irrefutáveis e mais elaborados. Foi com seus procedimentos até o fim da carreira. Como opção de vida.

AVALIAÇÃO INJUSTA

Lendo alguns comentários de munícipes de São Paulo a respeito das postagens no Facebook do prefeito João Dória, confirmamos Umberto Eco o tempo todo (segundo ele, as redes sociais dão voz para uma legião de idiotas; sem elas, não teriam chance de mostrar sua estupidez). Dentre os que se manifestam contrários há dois grupos: um, majoritário, formado pelos que criticam por força de suas posições políticas. Já que o embate político também ocorre nas redes sociais; são pertencentes aos partidos que fazem oposição ao prefeito – são facilmente identificáveis pela agressividade e virulência descabida dos ataques – não reconhecem nada, mesmo o que tenha sido feito de mais louvável e que vai ficar como marca da administração: boa gestão de projetos das áreas de saúde, educação, segurança, modernização e atualização tecnológica; outro grupo é dos que, sem serem agressivos, expressam posições contrárias com argumentos infantis.

A despeito da operosidade do prefeito, os citados imbecis estão sempre insatisfeitos, a pôr defeito em qualquer realização, mesmo as irreparáveis.

Com um ano de administração, ele conseguiu concretizar já grande parte do que consta de seu plano para os quatro anos de governo, como é o caso de vagas em creches e os das filas de exames médicos e de cirurgias. Se os idiotas fizessem o exercício de confrontar os resultados de Dória com os do antecessor, que se caracterizava pela preguiça, o que eles constatariam? Que o prefeito merece crédito pelo que fez até agora; se conseguir manter o ritmo de trabalho até o fim, ele vai entregar a cidade bem melhor do que recebeu. O que estou propondo que façam não é próprio de idiota; se o fizessem não poderiam ser rotulados como tal.

Se olhassem ali do lado, outro notório preguiçoso e pouco operoso, o prefeito do Rio de Janeiro, o bispo Crivella, eles passariam a reconhecer o gestor que têm.

Quem nos dera se tivéssemos em Belém um prefeito criativo, trabalhador, com capacidade de buscar recursos onde estiverem disponíveis, que aliasse ousadia no planejamento com capacidade de concretização!

Reconhecemos que Eco foi preciso no seu diagnóstico, mas todos podem manifestar-se, – como não? – inclusive os idiotas, por isso Dória faz o que lhe cabe – ignora-os, e vai em frente.

P. S.: depois da saída de Dória da Prefeitura para concorrer ao Governo do Estado de São Paulo, 700 organizações da sociedade civil fizeram balanço de seu trabalho em um ano de administração: houve avanço em 29 das 53 metas do Programa que ele havia apresentado para o período 2017-2020 (Fonte: www.uol.com.br, 17/4/2018). Este resultado confirma quão profícuo foi o trabalho do prefeito, fruto de sua dedicação ao cargo, com jornadas diárias que iniciavam às 7 da manhã e terminavam por volta de 22 horas.

MÉTODO DE ESTUDO DE CASOS

O método de ensino adotado pela Harvard Business School é o de estudo de casos.

A escola de negócios utiliza este método mesmo para abordar matérias como contabilidade ou finanças.

Os alunos leem o material dos casos com antecedência, cada um no seu tempo, de acordo com sua disponibilidade. O texto de um caso tem dez a vinte páginas, e apresenta dados sobre uma empresa ou os fatos a respeito de uma pessoa específica – o caso a ser estudado – e então os estudantes participam de discussão/debate em classe (com presença obrigatória).

Os professores promovem a discussão, não a monopolizam; eles coordenam as discussões, fazem as sínteses.

O resultado apontado pelos alunos é positivo em termos de aprendizado: segundo eles, não conseguem desligar-se das discussões; as ideias geradas nas sessões de debates são efetivamente assimiladas pelos participantes (Khan, 2013).

É perfeitamente possível a adoção deste método no ensino de computação, como alternativa para algumas aulas de cada disciplina.

OUVIR PARA SER JUSTO

Não gosto de decisões tomadas antecipadamente. Já me defrontei com casos difíceis envolvendo situações de estudantes. Para citar um caso: o aluno falta no dia da prova, marcada desde o primeiro dia de aula. Na aula seguinte, peço que conversemos no fim para analisar o caso e marcar nova prova.

Ele me disse que não pôde vir porque só havia dinheiro para um pegar ônibus: ele viria fazer a prova ou o pai iria trabalhar. Eles decidiram privilegiar o emprego do pai.

Diante do caso, comuniquei a coordenação do curso que buscasse formas de garantir que esse estudante comparecesse às aulas. Caso contrário, teria seu rendimento comprometido ou desistiria do curso.

Outro caso: o aluno tinha algumas faltas, eu observei que ele saia meia hora antes da última aula noturna. Quando já estava para ser eliminado por falta, ele se dirige a mim para explicar sua condição. Disse que, às vezes, não conseguia pegar o barco em tempo em Abaetetuba para vir para a aula. A saída antes do fim da aula estava explicada: não perder o barco de volta.

SEMINÁRIO DE DOUTORADO

O doutorando faz defesa prévia de seu projeto em busca de avaliação dos colegas de grupo de pesquisa: elogios, críticas, sugestões, alertas são comuns nestas ocasiões. Ao final das quase duas horas de apresentação, como síntese de suas últimas palavras, o doutorando cai na gargalhada, no que é seguido pela plateia como aprovação pela atitude.

O que o fez rir tanto no fecho da sua exposição? Vendo a marcha imparável da ampulheta que aciona a guilhotina apontada para o pescoço – representada pelo vislumbre do "deadline" se aproximando, inexoravelmente –, ele voltaria para casa com escassos elogios, mas com um feixe de questionamentos ao trabalho em acréscimo às suas dúvidas pessoais e às postas pelo orientador, ausente à apresentação, mas que os tinha enviado com antecedência. Além disso, para agravar sua situação, ao relatar os pontos mencionados no parecer da orientação, houve contestação de parte dele pela plateia. E agora, o que faz o orientando? A quem atender? O que atender?

Refletir bem acerca de tudo, ponderar os argumentos prós e contras de cada posição, avaliar o que aproveitar e o que rejeitar, e decidir o que a razão ou (se não houver razão específica) o que a intuição lhe diz. É óbvio que as ponderações do orientador merecem atenção especial neste momento.

Seguiu-se à descontração geral do fim da sessão uma rodada de café para os presentes, ocasião em que foi expresso apoio ao pós-graduando, com a indicação de que rir de si e de sua circunstância é mesmo a melhor ação para o momento.

APENAS UM ARTIGO CÊNICO

Na entrevista exclusiva à Folha de S. Paulo (em 1º/3/2018), o ex-presidente Lula aparece em foto, trajando uma bata indiana (ou seria boliviana?), em pé, ao lado da poltrona, alguns livros à sua frente na mesa, atrás a estante com uma pilha com oito livros (pode-se contar pelas lombadas) e outra pilha de livros enfileirados; um cabide com blazers, ternos e gravatas; ao fundo, afixado à parede quadro com a foto da ex-presidente Dilma com a faixa presidencial. Vê-se que há uma dedicatória na foto. A aparência do ex-presidente é de alguém consumido, ar cansado.

A respeito dos tantos livros, a valer o que o ex-presidente sempre disse, por lhe causar azia, nunca devem ter sido lidos; talvez as contracapas de alguns deles, se tanto. Deduzo que estão na foto apenas compondo o cenário.

BIBELÔ DE SAPO NA PORTA

Na caminhada matinal de domingo, passo em frente a uma casa, cuja porta era mantida entreaberta com bibelô enorme em forma de sapo. Do interior escuro da casa recendia cheiro forte de defumação, talvez para pôr porta a fora os maus espíritos, e deixar de fora os maus olhados.

IDIOSSINCRASIA

Combina com a respeitabilidade e as exigências da profissão o professor dar aula de short (sim, desses que se usa para jogar futebol)? E o que dizer de esse professor ter coragem de ir assim vestido ao gabinete da reitoria, e mais ainda: ser recebido pelo reitor?

Cada um com sua idiossincrasia: ao constatar que não havia número suficiente de exemplares do livro que julgava ideal para a disciplina básica de sua faculdade, ele fez tanta pressão sobre o diretor que conseguiu que todo o recurso disponível para novas aquisições pelo instituto no ano fosse utilizado para comprar a citada obra: 150 exemplares. E para as outras faculdades? Não houve uma aquisição sequer nesse ano.

Tempos em que as decisões eram tomadas em favor de quem pressionasse mais, de quem se impusesse pela estridência e pelo grito. Não valiam nem sensatez nem racionalidade nem bom senso.

P. S.: Publicada a nota acima, fui contestado por um ex-aluno: ele disse que o professor poderia utilizar short na aula, se assim o desejasse. E acrescentou mais: Confesso não entender o que significa "respeitabilidade e as exigências da profissão" no contexto.

Minha resposta: agradeço teu comentário. Respeito a tua opinião. Já vi extremos nesta questão: o professor da área tecnológica que adotava dar aula de terno (me parece que não era porque ele emendava da aula para outro trabalho, ou se depois da aula ele iria para uma atividade que exigia o traje formal) e este caso que comento do short (do tipo bem folgado com que eu jogava bola). Como prática, eu adoto profissionalmente ficar no padrão da turma com que trabalho: ou seja, camiseta e jeans na UFPA. Se vou dar aula para juízes, e eles adotam terno, irei de terno. Se vou dar aula em empresa que adota traje social fino, esta será a minha escolha.

E isto está em consonância com o que recomendo para meus alunos. Para citar um exemplo: eu intermediei um curso ministrado por um aluno na Escola da Magistratura; eu o orientei que fosse para a primeira aula com o traje mais formal que ele tivesse e visse qual era o dos participantes (juízes e gestores da Justiça); aí ajustaria então. Os participantes foram de terno; providenciamos a compra de um terno para ele para a segunda aula. Não está em questão a linguagem empregada, mas orientei o aluno que evitasse gírias e jargão técnico e procurasse usar o Português padrão.

Estas questões não constam do regulamento da UFPA (não está no regimento da UFPA que o professor não possa dar aula de short de futebol, por exemplo). Então, fica a critério de cada um trajar-se como acha que deve e como julga mais apropriado para sua profissão. Agradeço pela oportunidade do diálogo. Sds.

TANGENCIANDO O INTERESSE

Colega relata sua dificuldade: ocupava cargo de gestão em tecnologia em órgão público, não dispunha de formação em computação, a nova administração repassava a qualificação dos ocupantes de cargos gerenciais, conferindo se a titulação que dispunham era compatível com a função. Em razão disso, ele estava precisando comprovar que tinha qualificação na área, mesmo com cursos livres. Sabe aquela abordagem em que a pessoa não é suficientemente explícita, talvez por lhe faltar coragem de propor algo ilegal e ser, de pronto, rechaçada, mas na expectativa de que o ouvinte se antecipe e morda a isca lançada?

Compreendi o que ele pretendia com aquela conversa, mas preferi ignorar, seguindo o princípio de tudo fazer quando não afronta a legalidade, e nada fazer quando esta fronteira é ultrapassada.

Se ele tivesse insistido eu diria que não contasse comigo para dar declaração falsa.

PESSOA ESTÚPIDA COM DELICADA

Há casais improváveis. Olhando-se a distância, fica a dificuldade de entender: como conseguem conviver, se tão diferentes. Uma pessoa estúpida, tosca, grosseira, explosiva, ignorante, ao lado de alguém que é exemplo de doçura, serenidade, gentileza, fineza no trato, amabilidade.

É caso para investigar como a convivência pode ocorrer entre pessoas com tais traços individuais antagônicos. É necessário o desprendimento da aceitação de parte a parte, a toda hora.

A tolerância é a marca presumível da convivência entre ambos. Ou uma das partes deve chamá-la a si para não agravar a relação.

Incompreensível, e louvável! Como se cada um tomasse tal relacionamento como inevitável, resultante de decisão que nada consegue abalar: é com esta pessoa que vou até o fim, a despeito de tudo.

Normalmente não é bem assim. O provável é que os iguais se aproximem, e os diferentes se afastem – cada um em busca de alguém que garanta a desejada harmonia.

Só a natureza (e a Física, em particular) a justificar a atração inquebrantável dos opostos.

QUE PAÍS É ESTE?

Em que outro país um presidiário, condenado por corrupção passiva e lavagem de dinheiro, e arrolado ainda em seis outros processos em curso, insistiria em candidatar-se a presidente da República?

Em que outro país a imprensa insistiria em considerá-lo candidato, a despeito de todas as evidências de que não seja possível pela afronta à lei vigente?

Em que outro país os institutos de pesquisa ainda incluiriam em cédulas tal candidato para extrair cenários futuros da eleição?

Não é o caso de deixá-lo em paz, carregando as suas vicissitudes e refletindo pedagogicamente onde ele errou?

Onde fica a sanidade em tudo isto?

PROFICIÊNCIA EM INGLÊS

Em competição de que participei há poucos anos, eu precisava obter boa nota em prova de proficiência em inglês. Eu já me encontrava em desvantagem na pontuação cumulativa do concurso, pois meu pré-projeto foi avaliado com nota 7,8. Por isso, precisava tomar a dianteira na prova de línguas.

Sala lotada com candidatos para fazerem uma das provas de língua: inglês, francês ou espanhol. Sem a intenção de me desestimular, mas quase o conseguindo, um colega de jornada que iria fazer prova de francês, me avisa:

– Olha lá! Aquele candidato ali dava aulas nos Estados Unidos.

Puxa! Provavelmente ele vai fazer a prova de inglês; como eu vou ficar à frente assim?

Começa a prova: mais ou menos cinco páginas em inglês extraídas do sítio eletrônico da Universidade Harvard, a respeito de astronomia, com umas cinco perguntas que avaliavam a compreensão do extenso texto. O grande problema era o tempo de prova: só eram três horas de duração. Quem precisasse recorrer ao dicionário muitas vezes talvez não conseguisse completar a prova no tempo.

Eu olho em volta. Vários consultando dicionários. Vi logo que estes talvez não tivessem chance de boa nota, porque deixariam questões por fazer. Eu tinha dicionário, mas não precisava usá-lo. Olho para o concorrente que o colega havia apontado: também ele não usava dicionário. Concluí que seria difícil vencer a batalha.

Uma semana depois o resultado é divulgado: para minha surpresa, fiquei em primeiro lugar; tirei 9,5; o concorrente visado ficou com 9.

Como se pode explicar este resultado, se não tenho fluência na língua inglesa? A questão é que a proficiência exigida na prova de língua para a pós-graduação era compreensão do texto e sua expressão em português. Não tenho dúvida que ele sabe mais inglês do que eu; só que as respostas eram dadas em português; certamente aí eu me saio melhor que ele. Foi a única explicação que encontrei para ter tirado a maior nota.

Aliás, mais surpresa boa estava reservada para mim neste concurso! Fiquei à frente nas duas competições de que participava (doutorado acadêmico e doutorado em rede), depois que se agregaram as pontuações do curriculum vitae. Nesta prova, meu currículo foi considerado o melhor (nota 10), o que me fez tomar a dianteira na reta de chegada.

PROFESSOR, SEM SABER ESCREVER?

Um aluno me diz que seu sonho é ser professor na instituição federal onde ele fez seu curso técnico. Tentou duas vezes, mas não conseguiu passar nos concursos: foi reprovado em ambos na prova escrita.

Para quem não escreve bem como ele a prova escrita é uma barreira intransponível. Recomendei-lhe que se impusesse como meta aprender a escrever. Aí, sua chance de aprovação aumentaria.

INCOMPREENSÍVEL

Há um fato que não consigo compreender: o que o ex-presidente Lula viu em Dilma Rousseff para, patrocinando politicamente sua candidatura, vir a fazê-la presidente? Aventei uma explicação: o fato de ela carregar um notebook de um lado para o outro, e sempre sacar um gráfico do Excel para reforçar um argumento. Isto impressiona iletrados, pois pensam tratar-se de algo só realizável por alguém muito inteligente. Sabemos que não é o caso.

Quanto erro! Além disso, ela estava sempre enfezada, cenho carrancudo, nas reuniões de que participava (este é o estereótipo de quem pretende passar por competente diante da incompetência geral), e gritava com outros ministros, fazendo-os calarem-se, ou repreendendo-os, impiedosamente. Houve quem chegasse a chorar nas tais reuniões de avaliação de resultados do governo. Isto impacta alguém despreparado, sem capacidade aguçada de perceber embustes.

Leio agora uma nota do jurista Hélio Bicudo, que teve a proximidade do ex-presidente logo depois da criação do PT (mas depois se afastou), em que ele diz que Lula sabia que Dilma era incompetente, mas pretendia voltar depois de seu mandato, dado o governo ruim que ela faria; se Lula indicasse alguém capaz, sua chance de voltar seria pequena. Só que ele não contava que ela iria lutar tanto pelo segundo mandato. Como o País já estava no fundo, ela teve que mentir muito na eleição, mas sabia que suas propostas eram insustentáveis.

Não esqueço uma declaração em jornal em que um prócer petista disse que, apesar de trabalhar pela eleição de Ana Júlia para o governo do Pará, o ex-presidente sabia que ela faria péssima administração. Isto se confirmou, tanto que ela não conseguiu reeleger-se. Como ele acertou com uma e errou com a outra?

MALANDRAGEM

Na corrida do trabalho diário, preciso providenciar a solução de problemas domésticos em uma das casas que administro – troca de uma torneira, por exemplo. Chamo um biscateiro que presumia de confiança para resolver a questão. Pergunto-lhe quanto custa mais ou menos uma torneira. Ele me dá o valor. Passo-lhe o dinheiro para a compra.

No dia seguinte, vou inspecionar o trabalho sem a presença dele. Verifico que, em vez de comprar uma nova, ele havia instalado uma usada e tinha ficado com o dinheiro que lhe foi passado para comprar a nova. E no fim cobrou caro pelo trabalho todo.

Dias depois, eu o encontro e o advirto:

– Como o senhor pôde instalar uma torneira usada se lhe dei dinheiro para uma nova?

Ele ficou desconcertado com a observação, pois julgava que eu não iria conferir o trabalho feito. Nunca mais requeri seu serviço por ficar provado que não merecia a confiança que eu lhe creditava.

EMBOSCA, E TAMBÉM ATIRA PELA COSTA

Em entrevista ao programa Roda Viva, realizada em 11/4/2016, antes do julgamento do impeachment da presidente Dilma Rousseff depois de ter saído da cadeia, Roberto Jefferson (ex-presidente do PTB) disse que chegaria a hora do ex-presidente Lula. Vejam quando ele disse isto. O argumento apresentado por Jefferson foi que ele tinha sido condenado a 7 anos e 14 dias de cadeia por causa de 4 milhões de reais que recebeu. Ele reconheceu como justa sua prisão (ficou 14 meses preso). Pagou seu erro com a cadeia. Estava livre agora para voltar à política.

Dizia ele no citado programa: por muito mais, o ex-presidente não tem como escapar da prisão. Apesar de ele ter conseguido ficar livre no mensalão.

Muitos (eu, inclusive) duvidaram das palavras de Jefferson.

Na mesma entrevista, ele disse que Lula ombreava com o ex-deputado Eduardo Cunha – que ele considera seu "bandido de estimação" (preso em Curitiba, pela Lava Jato): há equilíbrio entre eles em termos de capacidade criminosa. O argumento exposto por Jefferson:

– Ambos são tipos capazes de fazer emboscada e, havendo chance, atiram pelas costas. Eles têm o mesmo nível.

Revi a entrevista de Jefferson em 17/4/2018, pouco mais de uma semana depois da prisão do ex-presidente Lula. Recomendo que vejam; poderão aquilatar a clarividência de um político competente, que domina como poucos o habitat onde vive, a despeito de seus métodos. Facilita o entendimento dessa quadra da vida nacional, em que o país está nas mãos de grandes bandidos.

GRANDES FRASISTAS

Nelson Rodrigues, grande frasista, tinha obsessão por Otto Lara Resende (escritor mineiro, 1922-1992). Considerava-o superior. Chegou a dizer que alguém deveria acompanhar o escritor mineiro, mesmo em conversas particulares, para registrar as frases lapidares que ele enunciava, uma atrás da outra. Para Nelson, este patrimônio não poderia perder-se sem registro para a posteridade.

A seguir são listadas quatro frases de cada um dos escritores para degustação do leitor.

Quatro Frases de Nelson Rodrigues

A televisão matou a janela.
Dinheiro compra tudo, até amor verdadeiro.
O Brasil é muito impopular no Brasil.
Invejo a burrice, porque é eterna.

Quatro Frases de Otto Lara Resende

A Europa é uma burrice aparelhada de museus.
O mineiro só é solidário no câncer.
Há em mim um velho que não sou eu.
A tocaia é a grande contribuição de Minas à cultura universal.

PARA QUEM COME AÇÚCAR DEMAIS

Um produto feito de ervas é anunciado na tevê como indicado para as pessoas que têm diabetes ou que exageram na ingestão de açúcar. Nenhum comentário para que os telespectadores parem de comer tanto açúcar. É a publicidade de um produto, mas fica implícita a sugestão de que as pessoas mantenham a ingestão de grande quantidade de açúcar – basta tomar o tal medicamento depois.

Na mesma linha, há quem diga que os profissionais de bata branca são treinados mais para tratar doenças, e menos para atuar na manutenção da saúde de quem a tem. Em vez de ações de prevenção, são formados para tratar doenças. Com esta orientação, quanto mais doentes houver, mais espaço para atuação do profissional.

O Ministério da Saúde faz bem menos do que deveria em prevenção. Há quem diga que o mais apropriado seria chamá-lo de Ministério da Doença.

TANTO IMPOSTO PARA QUÊ?

Com a gestão de um projeto por intermédio de uma fundação de amparo à pesquisa, pude constatar a realidade do peso da carga tributária incidente para as empresas: o Departamento de informática dispunha de um empregado contratado pelo projeto (o saudoso Humberto Baleeiro); ele recebia um salário mínimo, mas o valor do provisionamento mensal debitado na conta do projeto correspondia a dois salários.

Da mesma forma, como sócio de uma pequena empresa, era possível ver todo mês a sangria no faturamento por conta dos impostos devidos às três esferas de governo – três gulosos sócios que todas as empresas têm que carregar nas costas.

Não que eu julgasse que a empresa não deveria recolher tributos. A questão era o montante da carga tributária, e da certeza de que aquele recurso, que tanta falta fazia à empresa, seria mal aplicado pelo governo (em gastos desnecessários) ou mesmo usado em corrupção.

EXEMPLOS DE PERSISTÊNCIA

Quando vejo alguém que desiste depois da primeira ou até da segunda tentativa fracassada de fazer algo significativo, lembro-me do exemplo do jogador Cafu, bicampeão mundial pela seleção brasileira de futebol (1994 e 2002), único jogador com participação em três finais de Copa do Mundo (1994, 1998, 2002).

Só que antes do sucesso foi dura sua vida: era servente de pedreiro; tentou dez vezes passar em "peneiras" para ser contratado como jogador, sem sucesso. Só depois de falhar em dez tentativas, ele conseguiu. Quantos não abandonariam seu sonho já na terceira, quarta vez fracassada?

O condicionamento atlético e a velocidade lhe levaram a destaque como lateral direito nos clubes onde jogou.

Já como profissional no São Paulo Futebol Clube, o treinador Telê Santana reconhecia seu enorme potencial, mas via necessidade de aprimoramento técnico. Colocava-o para treinar cruzamento para a área, por horas e horas.

Outro exemplo é o do ex-jogador Romário, que, no início da carreira tinha dificuldade para chegar ao campo do Vasco para os treinos por falta de dinheiro para o ônibus.

Ambos não desistiram de seus sonhos diante das muitas dificuldades.

NÓS E NOSSAS FIXAÇÕES

Lendo as obras completas de Nelson Rodrigues duas vezes (creio que eu tenha todos os livros), pude perceber as fixações do escritor. A pressa com que tinha que escrever o levava a repetir-se em muitas ocasiões, principalmente nos artigos de jornal. Talvez fosse blague o comentário que, aqui e ali, ele fazia a respeito de voltar a certos assuntos, usando metáforas, frases e ideias já empregadas. Em outras ocasiões não havia chiste nenhum, e lá estavam as mesmas ideias.

Já me vi nesta situação algumas vezes: escrever algo por achar que ainda não tinha escrito a respeito, e precisava obsessivamente fazê-lo, e depois encontrar o referido assunto em algum texto. E olhe que nem me move a urgência da entrega do que escrevo a outrem como compromisso a cumprir, salvo o pessoal! É só fixação mesmo.

LEVA A ATENÇÃO PARA LONGE

A praga da distração é quase extensão da mão. São inseparáveis. O estudante, um pouco atrasado, já chega com a atenção voltada para seu celular. Apenas o corpo, presente. É sempre urgente ler e responder a última mensagem recebida. Tudo o mais que está à sua volta não importa.

Na aula a estudante levanta o braço para fazer uma pergunta. Antes de lhe passar a palavra, levo alguns segundos concluindo o pensamento. O que ocorre então? Neste ínterim, ela recebe uma mensagem, provavelmente no WhatsApp. Passo-lhe a palavra, mas a resposta à mensagem recebida tem precedência, visto que o que chega pelo celular é urgente. Ficamos eu e seus colegas à espera de que ela finalizasse sua resposta, pois alguém, distante, precisava de sua reação imediata, inadiável – era quase como questão vital, com implicações que poderiam chegar talvez à morte. Passado algum tempinho, ela deixa o celular sobre a bolsa e faz finalmente sua pergunta. Esperei que ela antes se desculpasse comigo e com os colegas, mas foi em vão.

Eu usei de ironia acima. Se pudéssemos checar, provavelmente era assunto irrelevante, não havia premência, não haveria nenhuma perda se a resposta fosse dada depois da aula.

A questão é de educação. É o que falta infelizmente. Civilização é estágio posterior que se consegue quando a educação se encontra impregnada no ser, de sorte que ele só responda educadamente. Isto ainda não acontece. Estágio civilizatório aceitável ainda está distante de onde estamos.

AULA É INTERAÇÃO

Este é um dos meus convencimentos: qualquer que seja a forma empregada pelo professor para ensinar – e o propósito é sempre levar à aprendizagem – deve haver forte interação entre os agentes envolvidos.

Por isso, reforço esta mensagem: que os estudantes interajam comigo, seja na sala ou fora dela. Por e-mail, pelo Facebook. Só tenho restrição que utilizem comunicação síncrona, pela exigência de ocorrer em tempo real.

Quando algum estudante me pede número de celular para contato, informo que só o utilizo na vida pessoal. Esclareço que comunicação fora da sala de aula, com a exceção do contato pessoal, só assíncrona. Mas prometo que a resposta é breve.

POR QUE ERA LATERAL DIREITO

A escolha da posição para jogar futebol na lateral decorria do fôlego para ir ao ataque e voltar para defender, como se espera de quem jogue na posição. O lado direito era uma imposição de não conseguir chutar com força com o pé esquerdo. Eventualmente, eu ocupava a esquerda, mas não era o que gostava.

Cheguei a tentar jogar pelo meio, mas não me sentia confortável. Razão? A visão periférica limitada justificava minha escolha.

Na lateral, eu podia controlar melhor as investidas de adversários quando estivesse com a bola: havia só dois lados com que me preocupar, já que pela lateral havia o alambrado; à frente eu tinha visão total; teria que controlar o adversário que viesse pela retaguarda, e pela esquerda.

Depois, com mais habilidade, passei a jogar como cabeça de área, pela facilidade com que conseguia desarmar os adversários e pelo fôlego de proteger a zaga em todo o campo de defesa.

DEFLORADOR

Divorciado há bom tempo, ele utilizava serviço de acompanhantes, vez ou outra. Como cliente preferencial, a caftina o informava quando havia nova prestadora de serviço na empresa. Ele era o primeiro a desfrutar a companhia.

Uma ocasião, ele disse que teria um cabaço mais tarde. Era assim que a caftina tinha anunciado a oferta do dia, que ele, crédulo, e ansioso, não pretendia perder.

Algum tempo depois, ele chegou ao trabalho no meio da manhã. Disse que tinha dormido um pouco mais como preparo para sua única ocupação naquele dia – vão aí as palavras, no seu linguajar desabrido costumeiro:

– Posso reclamar da vida? Nada mais a fazer hoje além de comer uma buceta! A hora de início está combinada, mas sem fim determinado. Só me cabe esperar, sem nenhuma ansiedade, para não prejudicar o desempenho na hora agá. Por isso, vim passar um tempinho aqui, mas não vou fazer nada para não me cansar.

Em outra ocasião, ele disse que teria uma menor de 15 anos. Era imprudência demais, mesmo que fosse informação falsa da caftina, tentando valorizar sua oferta, e arrancar locação de serviço bem mais caro. E se fosse verdadeira a informação da idade da mulher? Seria crime. Mesmo com consentimento da jovem, o caso é de prostituição – e não pode envolver menor de idade.

O alerta foi dado ao deflorador do risco que corria.

DISCURSO EM CÍRCULO

Em cerimônias de colação tenho observado o seguinte: os oradores que se propõem a fazer discursos de paraninfo de improviso quase sempre se saem mal. Iniciam, abordam alguns pontos, e depois não conseguem dar sequência lógica, e voltam a assuntos referidos, sem saber como sair do círculo em que se enredam. Ficam em loop.

Dentre os oito discursos que a plateia teve que ouvir em uma ocasião (era formatura de oito cursos de um instituto), apenas um mereceu destaque, pela pertinência do que foi dito – nada que fosse dispensável, pela sua concisão, pela dicção da oradora, pela sua postura. E o discurso (primoroso), com início, meio e fim, foi todo lido.

QUANDO DIREITO É PRIORIDADE

Uma sociedade está doente (ou está adoecendo) quando o Direito é a área de maior demanda. Se há tanto litígio – que leva a tanto processo, que leva à necessidade de formação de tanto bacharel em Direito – é sinal de algo insustentável.

No outro extremo: quando não há demanda por engenheiros, por tecnólogos – que projetam coisas, que constroem o que foi projetado, que executam projetos, que criam coisas, que produzem, que geram riqueza – que dedução se pode tirar desse fato?

Isto pode ser fruto de distorções eventuais na formação: oferta excessiva de um lado e insuficiente de outro. Pode ser. Tirante possível falha na necessária regulação sistêmica, que rapidamente é corrigida, persiste a conclusão: para ser sustentável, a sociedade deve produzir, muito e de forma variada. Quanto mais, melhor.

Curioso que o colega que me ouve, e prontamente me contesta, é engenheiro, mas tem filho formado em Direito. Como se, por ver o filho, não enxerga a si mesmo, e o que ocorre com a própria profissão – flagrantemente desestimulada e com escassas oportunidades.

A sociedade não é sustentável quando não produz, ou pouco produz, e, quando suas empresas, como forma de garantir ou conseguir resultado, em vez de produzir mais e de forma diversificada, tenham que recorrer a seguidos litígios atrás de reparação, e, para tanto precisem manter contrato com escritórios de assessoria jurídica (cada vez maiores e mais especializados).

VELHICE

Ele era tão velho, mas tão velho, que, prazer mesmo só o da satisfação fisiológica.

Ou seja, o que fica na base da pirâmide de necessidades de Maslow.

Como qualificar quem diz que é a "melhor idade"?

PRESENTE PARA UM AMIGO

Presenteei um amigo, petista, com meu livro "Páginas Recolhidas", publicado em 2009. Eu sabia que ele faria restrições a passagens da obra, principalmente as em que eu referia o ex-presidente Lula.

Nada! Ele nunca se manifestou a respeito. Julguei que não tinha lido ainda, ou talvez não quisesse abrir discordância comigo.

Há um ano eu o visitei, o PT já em debacle, o líder com muitos processos para responder, o amigo já não era mais petista. Então, comentou finalmente o que tinha lido no livro que eu lhe dera: ele não tinha acreditado em nada quando leu, mas, agora, reconhecia que eu tinha razão em tudo que tinha escrito.

NA TERCEIRA PESSOA

Que acham da pessoa que fala de si na terceira pessoa?

Ora, talvez Pelé, figura reconhecida mundialmente, rei do futebol, personificado em Edson Arantes do Nascimento, seja um dos poucos que tenha esta prerrogativa.

Católico, não compreendo por que uns (poucos) padres adotam esta prática – como se fossem duas pessoas em uma. Um deles fala: "o padre vai fazer isto", "o padre vai abençoar...", como se quem estivesse falando não fosse o próprio sacerdote.

Como crítico de comportamentos (dos meus, inclusive), acho muito estranho... Meio pedante.

P. S.: feita a postagem da nota, o amigo Mário Tavares comentou o caso do deputado do Pará que fez tatuagem em apoio ao presidente Temer, citando forma como ele respondeu questionamento de suas despesas com viagens na Câmara Federal. As palavras do deputado: "Nós não nos recordamos quanto gastamos em viagem no ano passado". Complementa bem o meu comentário o tal "plural majestático", em que a pessoa usa a primeira pessoa do plural em vez da primeira do singular. O plural majestático é até aceitável quando a pessoa, pertencente a um grupo, em vez de falar por si somente (na primeira pessoa do singular) adota a primeira pessoa do plural.

COMO NOS VEEM NO EXTERIOR

Por alguns lugares por onde andei no exterior (principalmente na Europa) uma recomendação dada nos hotéis ao me identificar como brasileiro: muito cuidado com seu passaporte. Ele é muito visado.

A explicação: como o brasileiro não tem uma cara específica (falando em termos de cor: todas são possíveis), o furto de passaporte possibilita falsificação mais fácil por quem atua nesta área do crime. Basta que a quadrilha substitua a foto pela do comprador do passaporte depois. Quem quer que seja ele.

LEGIÃO DE IMBECIS COM VOZ

Lendo as manifestações nas redes sociais para quem se dispõe a utilizar este canal de comunicação, em especial políticos, somos levados a concordar com Umberto Eco, escritor e filósofo italiano, 1932-2016.

Em discurso na Universidade de Turim no dia 10/6/2015, quando recebeu título de *doutor honoris causa*, ele disse que as redes sociais deram direito à palavra a uma "legião de imbecis" que antes não prejudicavam a coletividade com sua manifestação. Garimpam-se, aqui e ali, uma opinião sensata, uma crítica fundamentada, uma contribuição real. Predominam, no entanto, a cretinice, a crítica sem fundamento, os argumentos toscos, o mau gosto.

Que fazer? Retrucar? Perda de tempo! Extrair a crítica meritória, a sugestão enriquecedora. Ignorar o restante.

AS MIGALHAS DAS MINERADORAS E DOS PROJETOS HIDRELÉTRICOS

> *"Quantas toneladas
> exportamos de ferro?
> Quantas lágrimas
> disfarçamos sem berro?"*
> *(Carlos Drummond de Andrade, citado por Fernando Gabeira, no artigo "O interminável mar de lama", publicado no Estadão em 14/8/2017)*

Compulsando custos e benefícios dos projetos de mineração instalados no Pará ao longo do tempo (é válido também para outros estados), o saldo é desfavorável para o estado. Levam-nos a montanha de minérios e nos deixam enormes crateras a que custo? Devastação, problemas ambientais, menos riqueza, migalhas para o povo. É só ver o encarte da Vale que acompanha os jornais dominicais. A título de prestação de contas com projetos de responsabilidade social, o que há realmente como paga pela exploração? Miçangas, espelhinhos, migalhas.

Se a concessão é de 50 anos para explorar, certamente devolverão a área em 25 ou menos sem nada, dada a pressa com que providenciam o transporte dos minérios, com investimento em correias transportadoras mais ligeiras e com maior capacidade, trens com 330 vagões e 3,5 Km de extensão para levar para o porto de Itaqui (Maranhão) 40 mil toneladas de ferro por viagem e, de lá, com navios de maior calado, entregar mais rapidamente na China e em outros centros.

Investir em agregação para não exportar minério bruto? Nada! Nenhuma exigência das instâncias de governo para esta contrapartida para o estado, que empregaria mais, possibilitaria mais impostos, qualificaria a produção do estado, deixando a mera condição de exportador de minério bruto.

Não houve tempo em que exportávamos toras de madeira? As peças eram serradas no exterior. E depois não comprávamos os móveis feitos com a nossa madeira, mas com design italiano e custo nas nuvens, comparado com o preço da tora?

*** *** ***

O que falo acima vale para as hidrelétricas construídas no estado e na Região: a começar pela Hidrelétrica de Curuá-Una (Santarém), inaugurada em 1977, com capacidade geradora de 30,3 MW; a Hidrelétrica de Tucuruí, inaugurada em 1984 e com capacidade geradora de 8.370 MW; a Hidrelétrica de Belo Monte (Altamira), inaugurada em 5/5/2016 a primeira etapa da obra, com previsão de 12.233 MW, mas a capacidade média anual será de 4.500 MW pelas limitações do reservatório. Há ainda o Complexo do Tapajós, com a previsão de construção de cinco usinas no Rio Tapajós, com a potência instalada total de 10.682 MW: São Luiz do Tapajós, Cachoeira dos Patos, Jatobá, Jamanxim e Cachoeira do Caí.

O que nos ficam destes projetos, além das grandes intervenções no meio ambiente, com inundação e desmatamento de extensas áreas?

EM CAMPO EM SALVATERRA

Vou a Salvaterra (Ilha do Marajó) com o time de veteranos da Tuna Luso Brasileira para partida amistosa com a seleção de futebol do município. Logo que entro em campo vejo colega da UFPA na arquibancada. Aproximei-me do alambrado para cumprimentá-lo, e pedir, aos risos, que ele não falasse da minha atuação em Belém nem filmasse para videocassetada.

LENDO UM BEST-SELLER

Por curiosidade, para ver os ingredientes de um livro *best-seller*, eu comprei o de um autor brasileiro que passou bom tempo no topo da lista de mais vendidos da *Revista Veja*. Que vi no livro? Um argumento interessante, mas desaproveitado.

O autor deste livro já frequentava a lista de *best-sellers*, só que em livros de autoajuda. Talvez incomodado com a classificação, ele passou a romancear suas histórias. Com isto, suas novas obras têm sido relacionadas na lista de ficção.

Apesar de não ser crítico literário, tenho meu gosto como leitor, aguçado pelo estudo e pela leitura dos clássicos da literatura desde a infância. Baseado nisto, farei a seguir alguns comentários apressados acerca da obra. Observei primarismo excessivo. Clichês? Abundantes. Alguma construção inovadora? Nenhuma. Escrita rebuscada ou simples? Simplíssima. Chega a ser simplória. Nem a percepção de variar os adjetivos, o escritor tem. Para ele, a companhia preferida para grande parte dos substantivos é o adjetivo "cálido". Qualquer coisa é cálida... Muito engraçado! Às vezes, no mesmo parágrafo. E é *best-seller*!

ARTIGO SEM REFERÊNCIAS

Um estudante me perguntou se seria possível escrever um artigo sem a seção de referências. Eu comentei que não, pois, se seu artigo tratasse de assunto original, nunca antes tratado na literatura da área em questão, mesmo neste caso, ele deveria recorrer a fontes para atestar esta singularidade. Em seção em que trataria de trabalhos correlatos, ele mencionaria tais e tais fontes consultadas que atestariam a originalidade e o ineditismo do assunto tratado – por exclusão –, por nunca haver sido mencionado em tais obras que reunissem a produção científica na área. Ora, se recorreu a fontes – e não haveria outra forma de afirmar que o assunto nunca veio à luz –, estas deveriam constar das referências.

Com a publicação da nota acima no Facebook, um amigo me perguntou se o estudante teria que referir todos os artigos publicados para provar que o assunto tratado no artigo seria inédito.

Minha resposta: não. Ele poderia referir as edições de anais e periódicos e as bases de pesquisas consultadas. Seria suficiente para provar que o assunto é inédito. Mas sempre alguém poderia desencavar algum trabalho que não constava destas bases... Falo em tese sobre esta questão: a fronteira do conhecimento avança sobre o que está assentado. Não é assim? A questão foi uma provocação do aluno: ele disse que tinha feito algo original na graduação. Quando me disse que tinha proposto um método de resolução de dado problema, eu comentei que ele teria que mencionar o que já tinha sido feito sobre o assunto (em seção de trabalhos correlatos) para poder afirmar que a sua solução era original ou então que era mais eficiente (ou qualquer outro critério que utilizasse na comparação com as soluções publicadas).

POR QUE SAIU DO TRABALHO

Tinha ciência de que o colega era infeliz no trabalho, pois já há tempo ele exprimia esta infelicidade, mas sem se decidir pela saída. Enfim, ele tomou coragem e pediu as contas. Ela explicou:
– Ele saiu para ir ser feliz. Aqui não era.

QUÍMICA, FÍSICA, BIOLOGIA, MORTE

Nosso corpo é física e química em ação. Quanto mais lentos e débeis se tornam os fenômenos físico-químicos, menos vida há. Quando param é o fim, é a morte.

Por sua vez, a biologia explica como tudo funciona, quais são as partes, identifica-as, busca compreendê-las, e reconhecer as agressões a que estão sujeitas e as implicações decorrentes.

A medicina associa a morte à parada total e irreversível das funções encefálicas: a destruição das células do tronco cerebral é de tal ordem que alcança toda a atividade cerebral; isto impede que o indivíduo consiga recuperar-se, pois perde a capacidade cognitiva e a capacidade de fazer movimentos voluntários ou de reagir a estímulos externos. Não é o caso quando ocorrem apenas lesões que levam ao coma ou à inconsciência para sempre.

A decisão sobre a condição para considerar que ocorreu a morte foi proposta por comitê da Universidade Harvard em 1968, e acatada internacionalmente (Varella, 2011).

O QUE PODE EM UMA TESE

Um doutorando elabora uma tese em que propõe uma metodologia aplicada em dada abordagem de ensino de matemática. A questão em discussão na defesa era se a tese poderia cingir-se à proposição de uma metodologia, apesar de ele ter ido muito além da simples proposta ao analisar a aplicação da sua abordagem e mostrar sua pertinência.

Como sugestão final, decidiu-se tão só retirar a palavra "metodologia" do título.

NENHUM LIVRO

Curioso o comentário de um dos agentes federais que estiveram na residência do ex-prefeito de Belém em 1º/12/2017 para cumprir mandado de prisão temporária, em razão de fraudes em concorrências públicas ocorridas durante seu mandato, com estimativa de desvio da ordem de R$ 400 milhões da Prefeitura: nenhum livro sequer foi encontrado na casa.

"HEPTARÉU"

Com o sétimo processo (vocês sabem quem é o detentor dessa marca; sim, exatamente "a alma mais honesta do planeta"), eu tenho encontrado por aí a palavra como está no título. O acordo ortográfico em vigor não abona esta escrita. O certo é heptarréu. Explicação: o prefixo que se junta à palavra que inicia com "esse" ou "erre" faz com que a letra inicial seja dobrada. Por isso, antes do acordo escrevíamos "bio-ritmo"; agora devemos escrever: biorritmo.

NÃO REELEJA NINGUÉM!

Vi esta mensagem na traseira de um táxi. Boa ideia! Eu, pelo menos, vou aderir! Não gostei da atuação daqueles em quem votei. A hora impõe renovação.

Como disse o jornalista Fernando Gabeira em artigo no Estadão no dia 21/9/2017: o Brasil tem sido dirigido por quadrilhas. Elas devem dar lugar a quem veja a função pública como um serviço ao público, ao país, e não para enriquecimento pessoal e de grupo.

A VOVÓ TINHA RAZÃO

Pesquisa publicada em 29/8/2017 trouxe a informação de que as gorduras não são os principais responsáveis por problemas coronarianos; este papel é dos carboidratos. Então fica assim: deixamos de apreciar uma picanha gordurosa a troco de nada.

O estudo tem como base a pesquisa PURE (*Prospective Urban Rural Epidemiology* – Epidemiologia Rural Urbana Prospectiva), realizado pela Universidade Hamilton – Ontário/Canadá (publicada na revista Lancet), e contesta várias pesquisas anteriores sobre a prevenção dos males cardíacos.

A investigação aponta que o melhor é ter comedimento na ingestão de carboidratos. Quanto à gordura, pode-se consumir, mas que não passe de 35% do que é ingerido.

Por isso, o médico Dráuzio Varella finalizou artigo sobre o assunto na *Folha de S. Paulo* assim: a vovó já dizia para não exagerar em nada. Se você gosta do seu coração.

O avanço da ciência é feito de marchas e contramarchas: não demora outro estudo com resultados opostos é divulgado. O recomendado mesmo é moderação em tudo. Minha querida avó Lula também assinaria embaixo.

AVERSÃO A CONHECIMENTO PELA SUA PROCEDÊNCIA?

Não deveria ser assim, mas é. Atuo na área de tecnologia há bastante tempo, com interesse em automação de negócios. Como professor, ressentia-me de não ter qualificação pedagógica. Mas depois coloquei também um pé na educação. Em decorrência disso, tenho mantido interação frequente com professores com formação pedagógica. Percebo certa aversão desses professores ao conhecimento que provenha da área empresarial, por exemplo. Em especial, quando se tenta trazer experiências bem-sucedidas de ações dessa área para a educação. Isto me parece inconcebível. Não é razoável e aceitável dispensar conhecimento a priori sem análise, venha de onde vier.

Como se a área de educação fosse autossuficiente e se bastasse por si própria para avançar, e pudesse prescindir do que outras áreas podem oferecer-lhe de contributo.

O QUE LEIO DIARIAMENTE

As nossas leituras informam, de certa maneira, nossas concepções políticas, econômicas, de vida.

Tenho assinaturas para sábados e domingos de "O Liberal" e do "Diário do Pará". Sou assinante digital da "Folha de S. Paulo", de "O Estado de S. Paulo". Da "Veja", tenho acesso à revista impressa e à versão digital (a partir das sete da manhã da sexta).

No Pará, a leitura dos dois jornais – duas correntes antagônicas – é necessária, pois o que sai em um, às vezes, não sai no outro. O que um fala do outro, não raro, é verdade. E a verdade que não interessa a um sai no outro, ou pode sair. Como a verdade é dividida, é uma imposição ler os dois.

Leio a "Folha" porque é plural: tudo é encontrável nas suas páginas, indo da extrema direita à extrema esquerda. O que não ocorre com "O Estado de S. Paulo": eu me afino mais com sua linha editorial. Em geral, aprecio seus editoriais. A leitura da "Folha" é para ter o contraponto. Passo longe de articulistas como Clóvis

Rossi, Jânio de Freitas. Leio Elio Gaspari, apesar de achar exageradas e repetitivas suas metáforas. Leio toda quarta o artigo sobre economia de Alexandre Schwartsman. Ele ridiculariza, com argumentos sólidos, mas ácidos, tanto decisões do governo na área econômica como artigos publicados na imprensa acerca do assunto, quando os julga incorretos. De duas em duas semanas leio o artigo (sempre para cima) do Nizan Guanaes, leio as colunas de José Simão pelo humor escrachado. Leio a crônica magistral do Ruy Castro. Textos curtos – em que nada é dispensável. Outro dia ele disse em entrevista que se envergonhava do que escrevia na "Folha". Esta vergonha, creio, seja pela facilidade com que ele se desincumbe da tarefa. Não deveria envergonhar-se: sua competência é que deixa tudo fácil.

Aprecio as colunas de economia de Pedro Malan, de Gustavo Franco, e de Mônica De Bolle no Estadão. No mesmo jornal, em política, leio as colunas de Vera Magalhães e Eliane Cantanhêde e os textos de Fernando Gabeira.

Recebo as duas newsletters diárias do sítio "O Antagonista"; sou assinante da revista digital Crusoé. Leio com alguma regularidade o blog do Reinaldo Azevedo (antes hospedado no *site* de "Veja"; atualmente no *site* da Rede TV no UOL), apesar de não concordar com muitas das suas posições. Aprecio as notas do jornalista Augusto Nunes, no *site* de "Veja".

É o que leio diariamente. São as janelas por onde vejo o mundo, já que não uso a televisão com este fim.

TECH NECK

Observador, eu tinha notado rugas no pescoço de pessoas sem idade para este tipo de problema. Vincos aparentemente inexplicáveis. Há explicação, porém.

Encontro artigo na *Veja* (ed. 2543, 16/8/2017), pedindo para o leitor: "erga a cabeça!". O tal "tech neck" (*neck* – pescoço em inglês; *tech* – abreviação de tecnologia) é o mal ocasionado pela postura incorreta ao usar *smartphones*, *tablets* e *laptops*. Para todo lado vemos jovens encurvados, atentos aos seus celulares. Quem utiliza *smartphone* com a cabeça ereta? Ninguém! A pele fina do pescoço é vulnerável a rugas, em decorrência da inclinação demorada da cabeça. O malefício do mau uso destes equipamentos não fica nas rugas precoces: antecipa também problemas com a coluna, e ocasiona dores nas costas.

FIM DE SEMANA ORDINÁRIO

Tipo metódico, ele era expressão do comedimento. Estudioso, aplicado. Consideravam-no inteligentíssimo.

Lento para falar, e para tudo o mais. Difícil encontrá-lo apressado. Vivia só. Vegetariano de primeira hora. Diziam que estava ficando com a pele levemente esverdeada em decorrência disso.

Em termos de dinheiro, controlado. Registrava em lista tudo que comprava. Enquanto os colegas de trabalho se esbaldavam nos fins de semana, com farras, programas caros, viagens ao interior, bebedeiras, seu programa era diferente. Que tinha ele para contar na segunda-feira? Tinha comprado livrinho baratinho em banca de jornal e o tempo tinha passado com a leitura. Fim de semana de não mais que dez reais! O preço na capa do livro assinalava R$ 9,99. Quando contou o caso, ele disse que não lhe deram o troco.

PARA QUE HÁ UM TETO SALARIAL PARA O FUNCIONALISMO?

Necessária a decisão tomada pela presidente do Supremo Tribunal Federal (STF), ministra Cármen Lúcia. De há muito reclamada. Ampla divulgação dos salários dos juízes brasileiros. Se há um teto de remuneração para o funcionalismo (R$ 33.700), como os juízes acham justificável uma remuneração duas, três, dez, vinte ou mais vezes, superior ao citado teto? Ora, transformaram a lei em lorota. Letra morta. Sem serventia.

Ah, mas tem amparo legal, disse o juiz do Mato Grosso que recebeu mais de meio milhão de reais e que tinha mais setecentos mil previstos para o próximo mês! Investiguem-se para saber quais foram as brechas legais por onde escoou esta dinheirama. Revogue-se o entulho legal de que se têm valido alguns espertos juízes.

Que a sábia e diligente presidente do STF aproveite e feche outros vazamentos (alguém duvida que haja?) por onde escorre o dinheiro dos brasileiros pagadores de impostos!

QUEM REPARTE NÃO ESCOLHE

O professor Pierluigi Piazzi conta em um de seus vídeos que, para evitar briga entre os filhos no momento da partilha da goiabada servida como sobremesa do almoço – sempre ocorria de um querer levar vantagem sobre o outro, ficando com o maior pedaço – seu pai determinou o seguinte: "quem reparte não escolhe". Com esta sábia regra, resolveu-se o problema da partilha: quem cortava a goiabada procurava cortar átomos no meio para garantir que as partes fossem exatamente iguais e, assim, ele não ser prejudicado na divisão.

FUI FURTADO!

Meus sobrenomes (Braga Furtado) não são dois dos mais incomuns no Brasil e, claro, também em Portugal, onde tiveram sua origem. Braga é até uma cidade de Portugal; a respeito do outro sobrenome – Furtado – não investiguei ainda a minha árvore genealógica, mas a história deve apontar para algum ancestral em alguma tribo portuguesa que teve o dissabor de ser furtado por alguém e, como ocorria naquela época remota, passou a ser chamado pelo seu nome acompanhado do que lhe aconteceu como apelido ("aquele que foi furtado"; por fim, deve ter resultado só "furtado").

Cabe ainda nesta digressão distinguir o furto do roubo: para o Código Penal, furto é apropriar-se de coisa móvel pertencente a outrem contra a vontade desta pessoa; já o roubo configura-se quando a apropriação do bem ocorre por meio de violência ou de grave ameaça. Estive até aqui no terreno da digressão e das conjecturas.

O título desta nota é a propósito de uma compra feita em um dos supermercados de Belém nesse domingo pela manhã: expressa o sentimento depois da operação realizada.

Lembro-me que este mesmo supermercado, anos atrás, teve todos os seus terminais de caixa apreendidos para perícia pela Secretaria da Fazenda (SEFA) – a suspeita (confirmada depois) era de que nem todas as compras feitas pelos clientes eram registradas fiscalmente e, consequentemente, os impostos devidos não eram depois repassados ao fisco estadual. O mesmo golpe era aplicado por uma grande loja de departamentos – aliás, esta passa por dificuldade há algum tempo por má gestão – encontra-se em recuperação judicial. A suspeita da inspetoria fiscal naquela altura decorria de algo óbvio: as lojas da empresa sempre se encontravam apinhadas de clientes, com expressivo volume de vendas. Porém, o que era repassado em tributos ao fisco correspondia ao faturamento de uma lojinha de subúrbio.

Meu interesse por esses casos está relacionado ao desenvolvimento e à manutenção dos sistemas de automação comercial, realizadas por profissionais de computação: cabem-lhes responsabilidades pelas citadas operações. Por isso, os analistas responsáveis por sistemas que envolvem tributação (seja municipal, estadual ou federal) devem acautelar-se com o código que escrevem (ou que venham a alterar), para garantir obediência à legislação tributária. Os deslizes havidos no processamento correto dos tributos alcançam penalmente também esses profissionais; não são responsáveis só os administradores da empresa, principais interessados nas fraudes fiscais. Se o profissional de computação, encarregado de ajustes nos sistemas, atender solicitações gerenciais que impliquem desrespeito à legislação, também ele será responsabilizado. Essa é a razão por que a empresa emitente de cupons fiscais ou notas fiscais de venda, ao pedirem a homologação de seu sistema de automação comercial, informa o nome do profissional responsável pela sua manutenção.

Voltando ao que me aconteceu neste dia. Como sempre faço ao passar em qualquer caixa de supermercado (mesmo aqueles reservados para compras de até 10 volumes – foi o caso deste dia), pedi para informar meu CPF: digitei o código, a atendente passou os dois produtos da compra pela leitora de código de barras, apareceram os itens no terminal, me informou o valor total, paguei, esperei o troco e o cupom fiscal; ela me perguntou se eu fazia questão do cupom fiscal – pois o sistema não estava emitindo; respondi que sim; ela disse que teria que chamar o gerente para fazer a emissão; olhei a fila enorme à espera de atendimento e desisti da impressão pelo tempo e pelo transtorno que a parada do caixa acarretaria.

Conclusão que sintetizei no título desta nota: fui furtado, os dois itens que comprei tiveram o preço registrado com o ICMS correspondente, o valor pago os incluía, mas o imposto devido seguramente não será repassado ao fisco estadual. Portanto, o Estado também foi furtado – não há dúvida de que o valor será sonegado.

É provável que os caixas reservados para até 10 volumes, apesar de permitirem que o cliente informe o CPF como determinado pela lei, não façam a impressão do cupom fiscal. Talvez sejam estes os caixas reservados pelo supermercado para sonegação tributária total das compras registradas neles. Se for este o caso, trata-se de uma reincidência de sonegação desta grande cadeia de supermercados.

Sob todos os títulos, muito suspeita a forma como a transação de venda foi processada – sem emissão de cupom fiscal, porém com registro de itens vendidos e entrada de dinheiro no caixa – tudo com o controle do sistema de automação. Caberia ao fisco estadual apurar o que pode ter acontecido no caso relatado.

Voltando ao título da nota: é patente que retrata o que ocorreu.

COMPRAR, LER E PRESENTEAR

Antes eu comprava livros com interesse de ler algum dia. Assim, acumulei muitos ao longo da vida. Há algum tempo só compro livro para leitura imediata. Outra decisão associada: doar logo depois de ler. Quem está à minha volta é o destinatário preferencial.

Não tive sucesso com a doação uma única vez. Os presenteados recusaram o presente. Em razão disso, continua na minha estante o livro do bispo Edir Macedo – "Nada a perder – volume 3". Na capa, com a foto do bispo, consta: "a biografia mais vendida dos últimos anos: mais de 4 milhões de exemplares em todo o mundo".

Não encontro ninguém que o aceite. De graça.

A PRESSA DOS ESTELIONATÁRIOS

Alguns anúncios na televisão apresentam ingredientes do estelionato.

Para aplicar seu golpe, o estelionatário desperta a cobiça do desavisado. Depois, exige que haja decisão rápida sobre o negócio proposto. Ele sabe que, se a pessoa refletir, diminui a probabilidade de que o golpe dê certo. A pessoa vai recuar.

O mesmo ocorre nos anúncios. Apresentam um produto como capaz de resolver dado problema complexo. Acrescentam alguma facilidade adicional para o telespectador, prometem algum brinde para tantas pessoas que ligarem. Para que não perca a chance, o telespectador tem que ligar logo. Não há tempo para reflexão.

Eis a essência do estelionato.

MUDANÇA DIÁRIA

Relendo páginas de livros que escrevi faz algum tempo, às vezes, deparo com algo de que gosto. Manteria como está. Entretanto, há muitas ocasiões em que não gosto do que escrevi. Chego a me perguntar: como escrevi isto? Por que empreguei esta palavra? Ou a palavra não era adequada. Ou, com o meu olhar de hoje, soa agressiva.

Por isso, como sou diferente de ontem – e a filosofia chancela isto – o fechamento de um livro é um período conturbado: enquanto não entrego ao editor, vou alterando aqui e ali, sempre insatisfeito, em um labor interminável. Que concluo disto tudo? Noto que caminho para o refinamento, para ser menos agressivo, menos contundente, para deixar mais implícito que explícito, para ser até mais irônico, mas com brandura.

MAQUIAVEL E A MUDANÇA

A frase abaixo de Nicolau Maquiavel, historiador e escritor italiano (1469-1527), aplica-se ao trabalho do profissional de tecnologia, tanto com relação à repercussão da mudança proposta quanto com respeito às barreiras a serem enfrentadas até que a mudança efetuada se estabilize.

Em todas as ocasiões em que o propósito seja implantar nova tecnologia, espera-se, confrontando custos e benefícios, que ela mude para melhor um negócio ou uma área da organização (se isto não acontecer, deve ser desativada).

Mas será necessário enfrentar o status quo e tudo o mais que está apegado a ele. Note que Maquiavel prevê os obstáculos que se tem à frente; ele não esquece os que serão beneficiados com a mudança. Não se deve contar com eles. Nada ou pouco farão pelo novo, apesar da presunção de serem beneficiados. Implícito na frase de Maquiavel para o agente da mudança: vire-se sozinho!

– "Nada é mais difícil de realizar, nada é mais incerto para se ter sucesso do que quando se toma a iniciativa para implantar uma mudança, pois, o inovador terá como inimigos todos os que se davam bem debaixo das velhas condições, e defensores sem entusiasmo naqueles que podem dar-se bem debaixo das novas".

A obra de Maquiavel induziu a criação do adjetivo "maquiavélico", com o significado de ardiloso, velhaco, astucioso, pérfido, desleal. Seu livro mais conhecido é "O Príncipe": a primeira edição foi publicada postumamente em 1532; trata-se de um guia de como chegar ao poder e manter-se nele. Pelas ideias expressas na obra, deduziu-se a frase que passou a ser creditada a Maquiavel, e traduzem a negação da moral: "os fins justificam os meios".

Duas outras frases de Maquiavel:

– "Aos amigos, os favores; aos inimigos, a lei";

– "Quando fizer o bem, faça-o aos poucos; quando for praticar o mal, faça-o de uma vez só".

MOTIVOS PARA FRACASSO DE IMPLANTAÇÃO DE TECNOLOGIA

Para resposta a uma questão de um exercício de fixação, eu precisava listar cinco motivos por que a implantação de uma tecnologia pode fracassar, sem considerar a razão de fundo apontada por Maquiavel na nota anterior (o fato de que toda mudança tem oposição compreensível de quem vai ser prejudicado por ela e defensor tépido em quem vai beneficiar-se dela). Acabei fazendo um rol com dez possíveis motivos (a lista não esgota as possibilidades; as razões são listadas sem sequência lógica).

Motivo 1: estudos de custos e benefícios da utilização não terem sido feitos adequadamente antes da aquisição da tecnologia.

Motivo 2: estudos de custos e benefícios não avaliaram adequadamente as exigências da tecnologia adquirida em face da cultura e das condições particulares da empresa.

Motivo 3: dada a aquisição da tecnologia, se ela não for disseminada adequadamente, depois de amplo programa de treinamento dos seus usuários para obtenção dos resultados esperados.

Motivo 4: dada a aquisição da tecnologia, o estudo prévio não levou em conta nível de conhecimento ou de instrução do pessoal da empresa previsto para utilizá-la; pode haver descompasso entre o que a tecnologia exige e o que a empresa dispõe para utilizá-la.

Motivo 5: a tecnologia adquirida pode ser inovadora, mas não foi ainda testada suficientemente, e comprova-se na prática que não é adequada para a empresa.

Motivo 6: houve investimento apressado na aquisição da tecnologia, sem que tivesse sido precedido de projeto-piloto para avaliá-la consistentemente na prática, antes da implantação em todas as unidades da organização.

Motivo 7: o estudo de custos e benefícios não avaliou adequadamente o fornecedor (e sua capacidade técnica e de suporte) e as condições de manutenção necessárias ao funcionamento da tecnologia no âmbito da organização.

Motivo 8: a aquisição da tecnologia não foi antecedida de contato com usuários que tenham adquirido antes a tecnologia para ter ciência da sua utilização e de possíveis problemas de instalação, de funcionamento, de manutenção e de suporte, de modo a valer-se da experiência desses usuários quanto a estes pontos antes dos investimentos serem feitos.

Motivo 9: o estudo de custos e benefícios não avaliou adequadamente a carga de transações admitida pela tecnologia para seu funcionamento apropriado ou os tempos de resposta oferecidos por ela na prática não são aceitáveis para a organização.

Motivo 10: o estudo de custos e benefícios não avaliou adequadamente a necessidade de ajustes na tecnologia para sua implantação na organização, ou a exigência de que a empresa antes se adaptasse às condições impostas pela tecnologia para uso adequado.

AS FASES DE UM PROJETO

Destas coisas que encontramos na rede sem autor certo, mas, pela comicidade, adotamos pelo que trazem também de verdade. São as fases por que passa um projeto: 1) Entusiasmo; 2) Desilusão; 3) Confusão; 4) Pânico; 5) Caçada aos culpados; 6) Punição dos inocentes; 7) Promoção dos não participantes. Abaixo, a minha interpretação.

Na partida do projeto, fazer algo talvez nunca antes concretizado, que a equipe ainda não sabe bem o que é, entusiasma a todos pela busca do novo, pelos elogios iniciais que a equipe recebe pelo desafio. O que há é expectativa, apenas. Quando tomam ciência do que é, pelo vislumbre da dificuldade que precisa ser enfrentada, dada a carência de recursos, a inexperiência e a insuficiência numérica do pessoal que compõe a equipe, desiludem-se (salvo os que continuam desinformados). Depois de algum tempo, conflitos na equipe tornam-se frequentes por conta de dúvidas com o processo, pela própria divisão do trabalho, pela insuficiência dos recursos disponíveis e pelo lento avanço real do projeto. Ao se darem conta de que o fracasso está a caminho e aproxima-se celeremente, o pânico se instala. Dentro em pouco, com a confirmação do fracasso (agora, já dado como certo no projeto), empreende-se uma caçada aos culpados. Claro, punem-se os inocentes – estes são escalados para assumir a culta pelo insucesso.

Se, ao contrário disto tudo, houve um raro caso de êxito, os com menor (ou nenhuma) participação no resultado são aquinhoados com promoção ou com gratificação (glória aos não participantes do projeto). Os que foram decisivos para o sucesso são lembrados. Para o próximo projeto.

DEMING

Uma forma de definir a gerência com "nãos":

"Não se gerencia o que não se mede, não se mede o que não se define, não se define o que não se entende, não há sucesso no que não se gerencia" (William Edwards Deming, estatístico americano, professor, 1900-1993).

FALTA GERÊNCIA

"Situação financeira da Unicamp é dramática" dizem os jornais. Outro dia a informação era sobre a situação crítica da USP. O mesmo se aplica às universidades federais com os cortes de recursos financeiros feitos pelo MEC. Que mais falta além de recursos financeiros nessas instituições? Podem-se apontar vários fatores. O mais óbvio é gerência, no seu mais amplo sentido. Que se nota? Acomodação. Visão estreita. Incompetência. Medo de tomar decisões que contrariem interesses instalados. Outras habilidades que precisam de melhores respostas dos gestores: criatividade, racionalização, redução ou eliminação de desperdícios, iniciativa, comprometimento, aumento de produtividade, estabelecimento de prioridades corretas.

E AS PRIORIDADES ORGANIZACIONAIS DA ÁREA DE TECNOLOGIA?

É conveniente que as prioridades de desenvolvimento de aplicações (software), investimento em aquisição ou desenvolvimento de tecnologia não sejam decididas unilateralmente pela gerência de tecnologia. Em vez disso, é desejável que sejam estabelecidas por comissão formalizada pela alta administração da organização para este fim.

Sob a coordenação do gerente da área de tecnologia, os membros da comissão (em algumas organizações recebe o nome de "comissão de usuários de TI") são representantes das unidades departamentais da empresa.

As discussões iniciais de tal comissão podem ter como base até documento proposto pela área de tecnologia como minuta de plano para apreciação. Tal minuta é discutida, ajustada, enriquecida com a contribuição dos participantes da comissão. Quando finalizadas as discussões, o documento é aprovado e submetido à alta administração, passando a ser o plano para execução quando referendado.

Desta forma, com o plano aprovado, a gerência de tecnologia terá como nortear suas ações do cotidiano para concretizá-lo, até que, em período determinado, ele seja revisto e atualizado.

A gerência se eximirá, assim, de atender pedidos extemporâneos das unidades, a menos que os casos sejam de urgência, e determinados expressamente pela alta administração.

LIDANDO COM CARÊNCIA E/OU INSUFICIÊNCIA DE RECURSOS

Uma questão frequente que o gestor enfrenta é a insuficiência de recursos para dar conta de tudo o que a organização precisa. Que fazer para lidar com esta questão? Uma avaliação que pode ser feita de início é quanto aos custos da organização, tentando diminuí-los, de modo a poder dispor de mais recursos para investimento. Ações como eliminação de desperdícios, renegociação de contratos existentes, renegociação com fornecedores. Provavelmente, isto não será suficiente para garantir o início de todos os projetos de interesse da empresa.

Consideradas todas as ações referentes à correta aplicação dos recursos disponíveis, segundo as prioridades estabelecidas pela organização com base em plano elaborado e aprovado pela comissão de representantes das unidades, a gerência de tecnologia deve atuar para conseguir recursos adicionais, seja recorrendo a fontes não exploradas (por exemplo, com a submissão de projetos específicos para essas fontes de financiamento), seja com a criação de tecnologia ou a oferta de serviço (consultoria, treinamento, etc.) ao alcance da área de tecnologia que possibilitem entrada de recursos complementares ao orçamento da unidade. A criatividade do gestor é exigida em máxima medida na busca de alternativas, para garantir recursos adicionais ao orçamento. Pois, só não cabe ficar acomodado a ele.

Desta forma, a eliminação ou a atenuação da carência de recursos poderia ser feita com base em iniciativas como as mencionadas, ou outras que venham a ser identificadas.

BALIZAMENTO ÉTICO

Às vezes, ficamos em dúvida se tal ou qual comportamento é ou não ético, se tal ou qual posição que precisamos tomar é ou não ética.

Masiero (2000), professor titular do ICMC-USP (São Carlos), apresenta quatro testes para saber se dado comportamento deve ser adotado ou não.

O teste da família: você contaria para sua família que fez tal coisa?

O teste da empatia: como lhe pareceria se você se colocasse na posição da pessoa atingida pela ação?

O teste do sentimento: como você se sente agindo desta forma? Intranquilo? Causa-lhe incômodo?

O teste do repórter investigativo: que lhe parece se sua ação fosse veiculada em noticiário na televisão?

Se a intuição nos diz que alguma ação não é ética, ou não é moralmente correta, é melhor fazer antes os testes para seguir com a consciência tranquila.

PRINCÍPIO DE AVC

Depois de quase duas semanas de ausência às aulas, o professor reaparece, tostadíssimo, com atestados médicos para justificar as faltas. Tivera, segundo suas palavras, "um princípio de AVC". Como sabem, AVC é acrônimo de "Acidente Vascular Cerebral".

Concluí, com os meus botões, depois de encaminhar os documentos para a área de pessoal:

– O colega deve ter desanuviado logo do que lhe levou ao AVC em canícula (prolongada). Com bastante bronzeador.

SOU, MAS NÃO GOSTO DE SER...

Convivi com professores que se apegavam de tal forma a cargos diretivos que ficava a impressão de que seu interesse era um só: manter distância confortável da sala de aula. Findo o mandato referente a um cargo (que os desobrigavam de aulas), reacomodavam-se logo em outro, para não haver risco de ida forçada para as aulas por um período sequer que fosse.

FRUSTRANDO UMA TENTATIVA DE RASTEIRA

A posição inicial era que a defesa do trabalho fosse adiada por dois ou três meses. A iniciativa de deixar em suspenso data inicialmente marcada foi do membro da banca examinadora. Sua avaliação para o orientador era que não seria possível defesa sem que ajustes consideráveis fossem feitos no trabalho. Dois ou três meses seriam suficientes para que o aluno o deixasse na forma que o examinador julgava ideal.

O autor do trabalho pede que o orientador marque reunião com o membro da banca; ele gostaria de tomar ciência dos argumentos do examinador para adiamento da defesa. Reunião é marcada para tomar um café e discutir a questão com o membro da banca. Precisamente uma quarta-feira· da semana que antecedia a da defesa, que seria na sexta.

Depois da degustação dos primeiros goles da "negra rubiácea", como diria um personagem de Dias Gomes (romancista, autor de telenovelas, 1925-1983), o professor desfiou seus argumentos contra a defesa na forma atual do trabalho. O estudante manteve-se atento ao que ele dizia. Em princípio, movia-lhe o propósito de refutar os argumentos apresentados, a menos que fossem mesmo indefensáveis.

Não! Mas não eram! Ele ponderou com o professor que a retirada de uma palavra do título do trabalho seria suficiente para anular sua principal objeção.

O professor ficou em silêncio por alguns segundos, refletindo. Depois, contrafeito, aquiesceu com a cabeça.

A respeito do que mais havia falado, o estudante pediu dois dias para devolver-lhe o texto com os reparos atendidos.

Em resposta, o professor disse:

– Você não conseguirá fazer isto em dois dias. É necessário rever todos os dados do seu trabalho para reanálise. Vai ser necessário remarcar a defesa, pois não será possível ajustar no tempo disponível.

O estudante não contestou a afirmação. Só pediu que o professor lhe desse os dois dias. Ele lhe enviaria o novo texto no sábado de manhã, assinalando em vermelho tudo o que acrescentasse, para que o professor pudesse avaliar mais facilmente o que fosse modificado e incorporado. Seria então tomada a decisão em reunião na terça se haveria o adiamento da defesa por dois ou três meses como sugerido. O professor concordou com a sugestão.

O estudante foi para casa, e trabalhou da quarta até sexta de manhã, com pequenos intervalos para dormir. Programou-se para descansar até a noite da sexta, e revisar até o envio no sábado pela manhã. Foi o que fez.

Enviou por e-mail por volta das 11 horas como acertado com o professor. A partir daí ficou aguardando o retorno do examinador.
No domingo pela manhã, o estudante recebe do professor uma mensagem truncada no celular. Não dava para deduzir sentido em razão do truncamento. Porém, ele decidiu não telefonar para o professor nem enviar-lhe mensagem.

Na segunda, pela manhã, ele recebeu e-mail com a resposta tão esperada: o examinador informou que tivera problema com o celular e com a internet; por isso, não enviara e-mail como tinha sido acertado. Comunicou ao estudante que tinha cancelado a reunião da terça; sua decisão final era que a defesa fosse mantida como programado para a sexta dessa semana.

Como sói acontecer nos enredos de dificuldades que tecem a vida, descobriu-se depois que o examinador que tentara o adiamento da defesa, dada sua condição de aposentado, não mais poderia participar como membro interno do programa de pós-graduação. Outro professor teve que ser indicado para substituí-lo como tal. Para que ele fosse mantido na banca, teve que ficar como membro externo adicional. Assim, a comissão examinadora ficou com um membro a mais.

"EFEITO DEADLINE"

Comprova-se facilmente o seguinte: quando se avizinha a data de entrega de um resultado pelo membro de equipe, ocorre aumento do tempo de sua dedicação à tarefa em questão.

É o "efeito deadline" ("efeito data-limite") em ação. Há natural relaxamento enquanto a data de entrega estiver distante. Quando ela se aproxima, passa a haver maior dedicação à sua execução. Esta é a razão por que gerentes determinam prazos mais curtos para tarefas a cargo de seus liderados. Porém, não podemos desconsiderar os efeitos psicológicos associados à questão: alocar prazo mais curto para dada tarefa do que o que seja aceitável (do que seja possível concretizar) acarreta efeito perverso: coloca o subordinado em pressão. É intolerável quando isto é frequente. Ninguém aguenta viver continuamente pressionado. Pode ser que ele não seja resiliente a esta situação.

Alocar prazos curtos é a atitude dos gerentes que optam pela microgerência (diz-se de controlar o que é produzido pelo subordinado em um ou dois dias de trabalho). Haverá aumento de produtividade, inevitavelmente. O preço pago por isso: membros estressados, pressionados. Ninguém suporta muito tempo este ambiente.

Particularmente, prefiro negociar os prazos de entrega de resultados com os subordinados. Procuro manter dados históricos de projetos passados como referência; peço que o subordinado informe o prazo em que consegue dar conta da tarefa. Com esta informação obtida, confronto com a minha informação pessoal ou com os dados históricos disponíveis e comprováveis. Se ele superestimar o tempo, tenho como contraditá-lo. Se ele subestimar o tempo, quando confrontado com os dados disponíveis, talvez não esteja se dando conta da complexidade envolvida; aí eu o alertaria para os riscos envolvidos na tarefa e atribuiria prazo maior que o sugerido por ele.

Portanto, parece-me mais apropriado que a alocação de tempo seja resultante de negociação entre gerente e executor do que de simples atribuição do gestor.

SÓ TRABALHO

Há pessoas do seu relacionamento de amizade a quem você recorre em alguma situação de dificuldade na esperança de contar com seu apoio, e nada! Não se manifestam negativamente, explicitamente, mas, no fim, você nada consegue. Quando há trabalho envolvido, e é do interesse dela – só trabalho, sem remuneração –, a pessoa lhe contata, e você aquiesce.

Aí você percebe as situações se repetirem, e tira o padrão comportamental: é pessoa do tipo que "só cisca para dentro". O que significa esta expressão?

Guardei de entrevista de Ulysses Guimarães (1916-1992), deputado federal pelo estado de São Paulo, presidente do MDB, presidente da Câmara Federal por duas vezes, presidente da Assembleia Nacional Constituinte, que promulgou a Constituição de 1988. Ele dizia que "em política só se cisca para dentro" querendo dizer que todas as ações das instâncias de um partido são para fortalecê-lo, jamais para desagregá-lo.

Este colega a que me refiro nesta nota só favorece seu grupo interno, a despeito de recorrer, aqui e ali, a quem esteja fora: mas estes, que fiquem cientes, nada terão de retorno – é só trabalho, e gracioso.

Conhecem alguém que age assim: só lhe dá trabalho, sem paga?

A PRAGA DA DISTRAÇÃO

Em uma nota passada, me referi ao telefone celular como "a praga da distração".

Como diz o professor Sílvio Meira (UFPE), tecnologia não tem caráter; se é boa ou má, isto depende do uso que se faz dela.

Ninguém pode negar o valor dos smartphones. Mas que está predominando o mau uso, isto está. E olhe que não é o que tem levado à "tech neck" – o engelhamento precoce do pescoço com reflexos para a coluna pela quantidade de horas com a cabeça encurvada. É o desperdício de tempo, mesmo.

Ainda está por ser quantificada a perda de tantas horas pelo uso excessivo do celular: a distração que acomete usuários menos atentos, e que não o largam de jeito nenhum.

Convivo com um destes usuários: já notei que afeta sua percepção nas conversas; seu registro dos assuntos tratados é truncado, o que lhe leva a tomar decisões erradas por ter ficado com informação parcial.

Decisão que acaba por cobrar tempo adicional até ser desfeita ou corrigida. Qual foi a origem do desperdício de tempo? A praga da distração a que me referi.

LIBERALISMO E APRENDIZADO COM EXPERIÊNCIAS ALHEIAS

Leiam abaixo a frase de Roberto Campos, economista, diplomata e político brasileiro (1917-2001):

– *Sou chamado a responder rotineiramente a duas perguntas. A primeira é 'haverá saída para o Brasil?'. A segunda é 'o que fazer?'. Respondo àquela dizendo que há três saídas: o aeroporto do*

Galeão, o de Cumbica e o liberalismo. A resposta à segunda pergunta é aprendermos de recentes experiências alheias.

A saída para o brasileiro é ir para o exterior ou aplicar o liberalismo. Quanto à que fazer? Observe que ele nem menciona experiências próprias – ora, há muitas experiências úteis, muitos erros e acertos da experiência de países que saíram de situação semelhante à do Brasil, os quais nos têm muito a ensinar.

REFERÊNCIAS

ANDERSON, C. *TED Talks: o Guia Oficial do TED para falar em público.* Rio de Janeiro: Intrínseca, 2016.

ANDRADE, D. F.; TAVARES, H. R.; VALLE, R. C. *Teoria da Resposta ao Item: Conceitos e Aplicações.* São Paulo: Associação Brasileira de Estatística, 2000.

CARVALHO, F. C. A. & IVANOFF, G. B. *Tecnologias que educam: ensinar e aprender com tecnologias da informação e comunicação.* São Paulo: Pearson Prentice Hall, 2010.

CHIAVENATO, I. *Administração nos Novos Tempos.* 2ª ed. Rio de Janeiro: Campus, 1999.

DE MASI, D. *Criatividade e Grupos Criativos.* Rio de Janeiro: Sextante, 2003.

FIGUEIREDO, R. S. de. *Ensino: sua Técnica – sua Arte.* Rio de Janeiro: Lidador, 1967.

GORDON, R. *A Assustadora História da Medicina.* 8ª ed. Rio de Janeiro: Ediouro, 1997.

HALFELD, M. *Investimentos: como administrar melhor seu dinheiro.* São Paulo: Fundamento Educacional, 2001.

HARARI, Y. N. *Sapiens – Uma Breve História da Humanidade.* Porto Alegre: L&PM, 2016.

KHAN, S. *Um mundo, uma escola: a educação reinventada.* Rio de Janeiro: Intrínseca, 2013.

LEFRANÇOIS, G. R. *Teorias da Aprendizagem.* São Paulo: Cengage Learning, 2015.

LEMOV, DOUG. *Aula Nota 10: 49 Técnicas para ser um Professor Campeão de Audiência.* 4ª ed. Porto Alegre: Penso, 2016.

LÉVY, Pierre. *As Tecnologias da Inteligência: o Futuro do Pensamento na Era da Informática.* Rio de Janeiro: 34, 1993.

LUCKESI, Cipriano C. *Avaliação da Aprendizagem: Componentes do Ato Pedagógico.* São Paulo: Cortez, 2011.

MASIERO, P. C. *Ética em Computação.* São Paulo: Edusp, 2000.

MOORE, M. G. *Teoria da Distância Transacional.* Trad. Wilson Azevedo. *In*: Revista Brasileira de Aprendizagem Aberta e a Distância. São Paulo: Agosto, 2002. Disponível em: http://www.abed.org.br/revistacientifica/revista_pdf_doc/2002_teoria_distancia_transacional_michael_moore.pdf. Acesso em 16/8/2013.
PRESSMAN, R. S. *Engenharia de Software.* 5ª ed. Rio de Janeiro: McGraw-Hill, 2002.
PRESSMAN, R. S. *Engenharia de Software.* 6ª ed. Rio de Janeiro: McGraw-Hill, 2006.
SANMARTI, N. *Avaliar para Aprender.* Porto Alegre: Artmed, 2009.
SILVA, G. M. da; VIEIRA, K. T. *Técnicas de Gamification como Auxílio ao Ensino da Disciplina ´Redes de Computadores´.* 2017. 99f. Monografia. Orientador: Raimundo Viégas Junior. (Curso de Bacharelado em Sistemas de Informação) – Instituto de Ciências Exatas e Naturais, Universidade Federal do Pará, Belém.
SILVA, U. R. da. *Filosofia, Educação e Metodologia de Ensino em Comenius.* 2014. Disponível em: http://coral.ufsm.br/gpforma/2senafe/PDF/013e4.pdf. Acesso em 24/05/2018.
SMITH, H. W.; GODFREY, R. L.; PULSIPHER, G. L. *As 7 Leis da Aprendizagem: por que grandes líderes também são grandes professores.* Rio de Janeiro: Elsevier, 2011.
TORI, R. *Métricas para uma Educação sem Distância. In*: Revista Brasileira de Educação na Educação. V. 10, N. 2, 2002.
VARELLA, DRÁUZIO. *O Momento da Morte.* 2011. Disponível em: https://drauziovarella.com.br/drauzio/artigo/o-momento-da-morte. Acesso em 02/02/2018.
WEINBERG, M. *O mundo de um novo ângulo. In*: Revista Veja. Ed. 2254. São Paulo: Abril, 1º/2/2012.

www.ingramcontent.com/pod-product-compliance
Lightning Source LLC
Chambersburg PA
CBHW060156050426
42446CB00013B/2851